恩道尔国际政治丛书
WORLD POLITICS SERIES
BY F.WILLIAM ENGDAHL

THE NEW ENERGY WARS

石油大棋局

下一个目标中国

[美] 威廉·恩道尔 ◎著
戴 健 李 峰 顾秀林◎译 吕德宏 陈建明 刘 忠◎校译

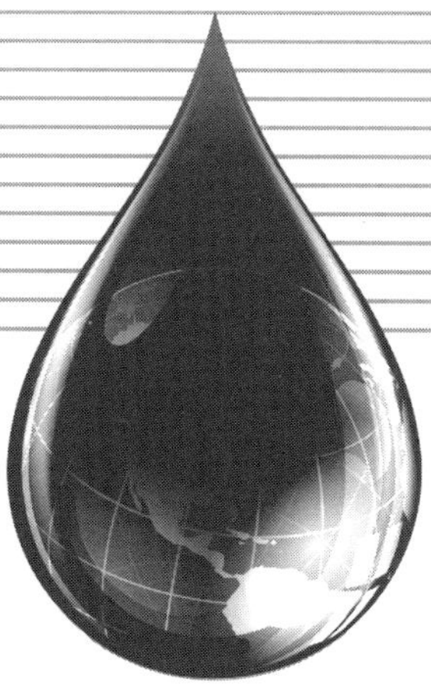

中国出版集团 | 全国百佳图书出版单位
中国民主法制出版社

图书在版编目(CIP)数据

石油大棋局：下一个目标中国 /(美)恩道尔(Engdahl, F. W.)著；戴健等译．—北京：中国民主法制出版社，2011(2025.3 重印)

ISBN 978-7-80219-908-8

Ⅰ.①石… Ⅱ.①恩… ②戴… Ⅲ.①石油政治—研究—世界 Ⅳ.①F407.22

中国版本图书馆 CIP 数据核字(2011)第 145174 号

图书出品人：刘海涛
出 版 统 筹：石　松
责 任 编 辑：姜　华
文 字 编 辑：单孟祥

书　　名／石油大棋局：下一个目标中国
作　　者／[美]威廉·恩道尔／著
戴　健　李　峰　顾秀林／译　吕德宏　陈建明　刘　忠／校译

出版·发行／中国民主法制出版社
地址／北京市丰台区右安门外玉林里 7 号(100069)
电话／(010)63055259(总编室)　63058068　63057714(营销中心)
传真／(010)63055259
http: //www.npcpub.com
E-mail: mzfz@npcpub.com
经销／新华书店
开本／16 开　710 毫米 ×1000 毫米
印张／16　**字数**／222 千字
版本／2011 年 8 月第 1 版　2025 年 3 月第 3 次印刷
印刷／三河市宏图印务有限公司

书号／ISBN 978-7-80219-908-8
定价／69.00 元

《恩道尔国际政治》丛书

编 委 会

总 序

现代世界地缘政治简史

这是我为中文版《恩道尔国际政治》丛书所撰写的总序，她代表了我近半个世纪对这个世界运作真相的研究。中国读者发现我的作品对于他们理解这个在今天看来已经丧心病狂的世界还有用处，对此我深感荣幸。多年前，我先后在美国和德国从事研究工作，我意识到几乎所有西方作者撰写的正统历史书籍都只不过是对现实世界的虚假描述，这样才有利于胜出的霸主及其盟友。

今天，欧洲、美国和世界上许多国家的舆论都被一小撮权势集团严格控制的媒体所主导，它们推行的计划与媒体宣传的完全是两码事。无论 2011 年在利比亚，还是 2014 年在乌克兰，这两个国家所发生的一切并不是所谓的促进“民主”。那么，那些隐藏在特朗普、拜登后面权力无边的木偶牵线人，他们的秘密计划究竟是什么？

看一看近年来发生的事件，我们不难发现，世界正处于新的世界大战边缘。这场一触即发的战争并不是由俄罗斯或者中国所发动，尽管西方媒体希望我们这样认为。恰恰相反，它是由一小撮怀抱霸权野心的“当权派”所策划，其最终目的是在人类历史上首创一个全球大一统的帝国，这个帝国由像联合国这样的机构里一帮毫无个性的官僚所控制，他们按照我们普通人看不见的权力圈子的命令行事。这个大一统帝国被称为“世界新秩序”。

一、世界新秩序与地缘政治

为了充分理解这一计划的发展过程，我们有必要回顾 20 世纪 70 年代全球石油和粮食危机期间基辛格说的一段话。20 世纪 70 年代中期，基辛格任美国国务卿、尼克松总统国家安全顾问，是华盛顿实际的当权派。他说过一段鲜为人知的大白话：“如果你控制了石油，你就控制了所有国家；如果你控制了粮食，你就控制了所有的人；如果你控制了货币，你就控制了整个世界。”那时候，基辛格是美帝国最有权势的公众人物，这个没有正式命名的帝国在 1945 年第二次世界大战结束后取代了英帝国。

作为贯穿我所有作品的主题，我就是以基辛格这段话的视角来记录现代历史所发生的事件。基辛格是权势极大的洛克菲勒家族的仆从，同时也是英国地缘政治及其均势理论的门生。

美国国防战略

2022 年 5 月，美国五角大楼向美国国会提交了一份题为《2022 年国防战略》的机密文件，其公开的摘要有以下这段表述：

> 本（国防）部将紧急行动起来持续加强威慑，将中华人民共和国视为我们最重要的战略竞争对手和对本部步步紧逼的挑战。俄罗斯构成严重的威胁，表现在其对乌克兰野蛮无端的侵略。面对俄罗斯的侵略，我们将与北约盟友和伙伴一道加强有力的威慑。本部将

保持有能力应对其他持续威胁，包括来自朝鲜、伊朗和其他暴力极端组织的威胁。[1]

很显然，2022 年 5 月俄罗斯在乌克兰发起军事行动两个月之后，五角大楼和北约为它们引诱俄罗斯进入了致命的陷阱而深信不疑。但到现在，形势却十分明朗，北约远未取得胜利，俄罗斯所动员的军事能力让华盛顿和布鲁塞尔那些蹩脚的战略家们猝不及防。

自从 20 世纪 80 年代后期华盛顿发动第一波“颜色革命”以来，也即导致华沙条约解体和苏联垮台等一系列行动之后，俄罗斯就不再被视为任何外部强国的威胁，尤其对美国构不成威胁，这大概就是美国智库的结论。中国在邓小平领导下实现了经济复兴奇迹 ，这些奇迹的取得来自与美国、欧洲和日本紧密的经济贸易往来，被西方经济学家称为“外包”或“产业全球化”。不言而喻，中国无意对西方列强形成军事威胁。同样，伊朗也从未对美国构成过威胁。

那么，为什么这些国家就成了世界上最大军事强国美国的眼中钉呢？要回答这个问题，就需要认真地研究一个多世纪以前起源于英国的“地缘政治学”，一门研究一国地理条件与其政治潜力之间关系的学问。

英美地缘政治

自 19 世纪中国鸦片战争以来，同样一伙英美主要的金融家族蓄意发动了包括 1914 年和 1939 年在内的所有重大战争。对于他们来说，战争是重新组织对其有利的全球地缘政治均势的有效手段。

1815 年，拿破仑率领的法国军队在滑铁卢战败。到了 19 世纪 40 年代，英国毫无争议地成为世界强国。英帝国控制了印度及其巨大的财富，主宰了非洲的众多丰富黄金和矿产资源，从而成为无可匹敌的全球霸主，而美国那时尚未从血腥的“内战”中摆脱出来。在德意志，各公国之间明争暗斗，一片混乱，尚未形成集中的经济空间。到了 19 世纪 40 年代，世界形势开始发生变化。

英国的精英们着手研究世界，探索如何维持“日不落”帝国霸权之策。在这个过程中，诞生了划时代的经典之作《历史的地理枢纽》。这篇文章是由英帝国的捍卫者、地理学家哈尔福德·麦金德爵士1904年为皇家地理学会撰写的。麦金德发展了其世界实际上是按照自然地理划分的“心脏地带”理论，认为地球陆地表面可划分为：

世界岛，由相互连接的非洲、亚洲和欧洲构成（非亚欧大陆），是面积最大、人口最多、最富有的陆地组合。

离岸岛，包括不列颠群岛、日本列岛、马达加斯加、马来群岛、斯里兰卡等。

边远岛，包括北美洲和南美洲相互连接的大陆（美洲）以及大洋洲。

这是英帝国理论的首次系统阐释——一幅决定对谁发动战争以维持其全球霸权的清晰的路线图。到了1904年，只有两个可能争夺全球霸权的对手——统一的工业化德国和“内战”后的美国。正是麦金德的地缘政治决定了发动联美抗德的战争，这是英国维持其全球控制的最佳选项。

早在1904年也就是10年之前，麦金德实际上就向英国的精英们阐明了之后发动第一次世界大战的必要性：

均势朝有利于枢纽国*的倾斜导致向欧亚边缘陆地的扩张，这将为利用广袤的欧洲大陆资源建造舰队提供有利条件，由此全球帝国呼之欲出。如果德国与俄国结盟，这种情形就很可能发生。

1914年爆发的第一次世界大战，其意图就是要摧毁俄德欧亚陆权国崛起的任何机会。在英国联合美国打败德国之后召开的凡尔赛和会期间，麦金德阐释了他的地缘政治观点：

---

* 俄罗斯帝国。——笔者注

谁统治了东欧*，谁就掌控了心脏地带；

谁统治了心脏地带，谁就掌控了世界岛；

谁统治了世界岛，谁就掌控了全世界。

——哈尔福德·麦金德爵士，于1919年[2]

对于麦金德来说，英国作为占主导地位的岛屿强国，必须不惜一切代价防止东欧与心脏地带的陆权国联合。麦金德定义的心脏地带实质上是指整个欧亚大陆板块，包括俄罗斯、中国和中东。

战后美国霸权的主要设计师们在麦金德临终前向他请教有关盎格鲁–美利坚霸权联盟主导世界的想法，请他为位于纽约的外交关系协会的刊物《外交》写一篇关于战后地缘政治秩序构想的文章。

外交关系协会是美国地缘政治精英的智库，由华尔街的国际银行和洛克菲勒石油卡特尔资助。麦金德的文章《圆形世界与赢得和平》于1943年7月，即差不多在盟军入侵诺曼底一年之前发表。

在这篇文章中，麦金德勾画了美国主导的战后秩序的愿景。他重申，1904年最初定义的“心脏地带”就是战后盎格鲁–美利坚首要地位的最强大对手。他将“心脏地带”定义为实际上由当时苏联所涵盖的区域，这就为后来的冷战埋下了地缘政治的种子。

不可避免的结论就是，如果苏联以这场战争中德国的征服者身份出现，她一定是地球上最强大的陆权国，而且她将成为处于战略上最强大防御地位的强国。心脏地带就是地球上最大的天然屏障。[3]

对于苏联来说，尽管斯大林为了打败希特勒统治的德国在战争期间与邱吉尔和罗斯福结盟，但是很显然，他和他的顾问们认真研究了麦金德的心脏地带理论，将战后中苏联盟置于优先位置，以遏制盎格鲁–美利坚1945年战后全球帝国的计划。

---

* 德国、法国、波兰。——笔者注

围绕在纽约外交关系协会周围的精英集团，从1939年战争前夕到1945年战争结束，花费了数年时间潜心于一项绝密项目“战争与和平研究”。这个项目由洛克菲勒基金会资助，其目的是将麦金德的强国、枢纽强国和全球控制的地缘政治思想应用于新兴的美帝国，一个未被正式命名的彻头彻尾的帝国，只不过刻意地不叫“美帝国”，而美其名曰“美国世纪”。他们宣称，这个“美国世纪”是建立在所谓“美国民主生活方式”基础之上的。第二次世界大战最重要的结果之一就是削弱了英帝国，使得华盛顿和华尔街坐收渔利。自此，英国沦为美国的“小伙伴”。

纽约外交关系协会的策划者们为建立联合国（包括设立国际货币基金组织和世界银行）而设计了一整套方案。华盛顿对这两个金融组织通过阻止股份表决权进行控制。1945年，华盛顿还设法窃取了沙特的石油权利而为洛克菲勒石油巨头所用。华盛顿还设计了“马歇尔计划”，这个骗局导致欧洲成为美国的附庸，满目战争疮痍的欧洲不得不用“马歇尔计划”提供的美元购买美国的工业品进行战后重建。

1947年，杜鲁门总统设立了中情局，自此中情局操纵的“冷战”拉开了序幕。华盛顿于1949年4月建立了北约。北约第一任秘书长、英国的伊斯梅勋爵恬不知耻地讲明了北约的目标：“赶走苏联人，按住德国人，留下美国人。”所有这一切都贯穿了盎格鲁-美利坚地缘政治霸权和控制的理念。从20世纪50年代开始，中情局的资金就秘密地用于操纵西欧、非洲、南美、日本、韩国以及其他国家的选举，以确保亲美政权上台。凡此种种都是麦金德地缘政治理论在美国的具体实践和发展，由地理学家、约翰·霍布金斯大学校长艾赛亚·鲍曼领导下的外交关系协会专门小组具体策划实施。

麦金德与俄乌冲突

早在20世纪80年代后期，美国就开始秘密武装乌克兰对抗俄罗斯，那时苏联已濒临解体。中情局伙同亿万富翁乔治·索罗斯带着资金和特工溜进乌克兰建立据点，企图将乌克兰从与俄罗斯联邦的经济和政治合作中分裂出来。

设定这一目标也是基于麦金德的地缘政治学。乌克兰是连接西欧经济体和俄罗斯广袤心脏地带的纽带，大多数苏联时期通往德国和其他欧盟国家的天然气管线都经过乌克兰。2014 年 3 月，中情局策划的独立广场政变强迫基辅脱离俄罗斯，迫使乌克兰合法选举的总统维克托・亚努科维奇流亡俄罗斯。从那时起，北约先是秘密地、后来发展到公开地武装乌克兰对付顿巴斯和克里米亚的俄罗斯族公民，甚至挑衅俄罗斯本土。2014 年，美国国务院承认，20 世纪 80 年代后期以来，美国共投入 50 亿美元在乌克兰策动反俄“民主”政变。[4]

1997 年，美国总统前国家安全顾问兹比格涅夫・布热津斯基（他与基辛格一样同为戴维・洛克菲勒的门徒）写了一部关于后苏联世界的地缘政治专著，书名为《大棋局：美国至高及其地缘战略要务》。他在书中写道：“作为欧亚大棋局中一个新的重要空间，乌克兰是一个地缘政治枢纽，因为它作为一个独立国家存在本身就有助于改变俄罗斯。没有乌克兰，俄罗斯就不再是一个欧亚帝国。”[5]

这本书写于 1997 年，远早于俄乌冲突，美国针对俄罗斯的秘密议程由此昭然若揭。布热津斯基的儿子马克・布热津斯基和他父亲一样，是一个十足的仇俄分子。2024 年，他担任了美国驻乌克兰盟友波兰的大使。

随着乌克兰腐败的总统泽连斯基在北约的暗中支持下上台，2022 年华盛顿开始秘密支持乌克兰针对俄罗斯进行大规模军事集结。几个月后，也就是俄乌冲突开始后的 2022 年 9 月，一系列大规模的水下大爆炸严重破坏了价值 300 亿美元的俄—德北溪天然气管道。这构成了现代史上最大的工业恐怖主义行为之一，俄罗斯与德国的能源联系瞬间灰飞烟灭，对德国和其他欧洲国家的能源供应造成长期严重的影响。据事后披露，美英情报机构是幕后黑手。[6]

布热津斯基在 1997 年冷战结束时写的那本《大棋局：美国至高及

其地缘战略要务》中洋洋得意地宣称："美国现在是全球唯一的超级大国，欧亚大陆是世界的中心角斗场。因此，欧亚大陆发生的权力分配对于美国的全球至高战略和美国的历史遗产具有决定性的重要意义。"关于中国，他是这样说的，"中国的非中央集权制经济改革带来的活力，包括对外部世界的社会开放，从长期来看，与相对封闭、官僚僵化的威权统治互不相容。"[7]布热津斯基对中国并不友好，他致力于在全球终结民族国家，建立一个由权势极大的跨国银行和跨国企业管理的、由专家组成的全球独裁统治——"社团主义技术专家统治"*。他并不待见像中国和俄罗斯这样强大的国家。布热津斯基深谙麦金德地缘政治之精髓，他在迟暮之年建言：在用经济战攻击中国之前，首先倾全力摧毁衰弱的俄罗斯。他于2017年去世，恰恰是在这一年，特朗普开始对中国实施严厉的贸易关税。

二、企业统治全球——"达沃斯重置"计划

到2020年，盎格鲁-美利坚霸权制定的秘密的全球地缘政治终极议程开始浮出水面。它们打着世界经济论坛及其全球企业和政治精英年会的幌子开展活动。世界经济论坛是一家极具影响力、倡导全球化的智库，其总部位于瑞士达沃斯。达沃斯集团由克劳斯·施瓦布领导，他是基辛格的门徒，20世纪60年代在哈佛，基辛格将其招入权势显赫的洛克菲勒圈子。

数十年来，施瓦布领导的达沃斯论坛致力于促进世界经济全球化议程。在2020年全球新冠疫情期间，达沃斯论坛发布了"大重置"计划，以世界卫生组织大疫情为借口，主张世界必须进行彻底的转型。施瓦布宣称："我们只有一个地球，我们清楚气候变化可能成为下一个全球性灾

* 即Corporativist Technocracy，根据20世纪20—30年代意大利"各阶级合作"的组织——组合或总体，也可译为"组合（或总体）技术统治"。——译者注

难，将给人类造成更加严重的后果。”

世界经济论坛理事会成员囊括了世界上一些最有权势的企业和政治领袖，如华尔街的贝莱德投资基金的领导人，欧洲中央银行、国际货币基金组织、世界银行、世界贸易组织、联合国的领导人，印度亿万富翁穆克什·安巴尼（据称是亚洲首富），“绿色”亿万富翁艾尔·戈尔，新加坡总统以及西门子、雀巢、英国石油公司的头头脑脑们，名单还有一长串。这就是已经策划好的全球新霸权的董事会，英国国王查尔斯三世担任达沃斯的特别顾问。

达沃斯的“世界未来领袖”网络

自从第一批达沃斯干部于1993年被遴选出来以来，这些“世界未来领袖”接受了极为秘密的培训，但在他们的达沃斯毕业生简历中几乎只字未提。就像蜘蛛耐心地编织着巨大的网一样，施瓦布和他的世界经济论坛富豪支持者们编织起了现代历史上最有影响力的决策者网络。

在2017年的一段视频中，施瓦布洋洋得意地宣称：与达沃斯世界未来领袖的干部们一道，“我们进入了各国政府内阁”。

从1993年起，施瓦布及其达沃斯精英们就着手在国际上四处网罗、亲自选拔代理人或干部（所谓“世界未来领袖”），把这些人送到瑞士培训，将其暗中提拔为未来政府首脑或关键决策者，以实施“大重置”计划。达沃斯世界经济论坛巨大的企业富豪网络为这些未来领袖们提供资金，保证他们被提拔到本国的关键岗位。

这些达沃斯的代理人（这样说毫不为过）包括美国、加拿大、德国、法国、荷兰、比利时、希腊等国的政府领导人，像特鲁多、马克龙、默克尔、贝尔伯克、米佐塔基斯等都接受过达沃斯的培训。拜登政府白宫办公厅主任杰弗里·齐恩茨实际上代替年迈的拜登行使着总统职权，他也是达沃斯代理人。无怪乎拜登总统所有的行政命令都不折不扣地遵循达沃斯“大重置”的“绿色议程”。

达沃斯也控制了最有实力的银行家和企业领袖，包括摩根大通银行的头头、中情局控制的脸书创始人马克·扎克伯格、谷歌联合创始人拉里·佩奇、伊夫林·罗伯特·罗斯柴尔德爵士的遗孀琳恩·福雷斯特·罗斯柴尔德、《经济学人》杂志的老板等。来自势力强大的罗斯柴尔德金融王朝的达沃斯代理人还有纳撒尼尔·罗斯柴尔德（雅各布·纳撒尼尔·罗斯柴尔德男爵的儿子）和戴维·迈耶·罗斯柴尔德。达沃斯的成员还有辉瑞和莫德纳制药巨头，后者研制了针对新型冠状病毒的致命的信使核糖核酸基因编辑疫苗。达沃斯代理人还有比尔·盖茨，其基金会控制了总部设在日内瓦的世界卫生组织。经达沃斯培训的“世界未来领袖”已多达数百人。他们从不透露与隐藏在“大重置”计划背后的达沃斯权力精英的联系，这是一个权力巨大无边的秘密网络，这就是他们策划的世界政府的中枢，美其名曰“世界新秩序”。

达沃斯与联合国“2030 年议程”

达沃斯的“大重置”计划利用联合国所谓的《2030 年可持续发展议程》，呼吁实施由企业运作的全球规则。他们宣称：“经济剧烈下行已经开始，我们将面对 20 世纪 30 年代以来的最大萧条。”

作为他们的解决方案，达沃斯的领袖们认为：“……全世界必须共同行动起来，从教育到社会契约乃至工作条件，迅速改造我们社会、经济的各个方面。每个国家，不管是美国还是中国，都必须参与；每个产业，无论是石油、天然气产业还是高技术产业，都必须进行转型。”[8]

认真分析达沃斯集团已公开的文字材料就不难发现，盎格鲁－美利坚霸权策划的下一阶段目标就是，不允许任何主权国家存在，只许超越国家的企业规则来规定谁生产什么产品，废除所有国家经济计划。“大重置”计划和联合国“2030 年议程”规定大幅度地停止石油、天然气和煤炭的使用，这基于一个伪命题：化石燃料导致全球变暖。因此，现代农业必将终结，人们不得不食用实验室生产的人工合成伪劣肉类或昆虫，机器人和人工智能将在劳动力中取代人力。

据估算，单是停止使用石油、煤炭、天然气能源这一项将导致全球近一半人口饿死。丹麦科学家比约恩·隆堡估计："全球 40 亿人依赖化石肥料获取粮食。"隆堡指出，如果我们真正地要停止使用化石燃料，"放弃全世界、各个经济体和人口赖以生存的自然资源，那么 60 亿人很可能在 1 年内死亡。"

如果没有石油、天然气和煤炭，大多数人都会遭受停电之苦，电网将陷入危险，甚至遭受灭顶之灾，这种情况会大范围持续发生。从第一天起，煤气用户将首当其冲，感受到停止采煤、油井关闭、天然气田停产带来的变化。

达沃斯精英们的终极目标是，在他们的中央银行（包括美联储、英格兰银行和欧洲央行）通过控制利率将世界经济拖入萧条后，计划实施最后一招：通过引入"中央银行数字货币"来控制世界货币。中央银行数字货币将控制世界各地的人只能花多少钱以及花在什么地方。

搞定这一切之后，他们计划在今后十年将世界上主要的独立大国（包括中国、俄罗斯、伊朗、非洲和中东大部分国家）拖入战争和动乱之中。布热津斯基、基辛格、戴维·洛克菲勒这些精英们总是喋喋不休地鼓噪，世界需要终结国家，建立一个全球统一的政府。到 2008 年，他们的计划似乎不可阻挡。现在，他们全球唯一霸权仅存的障碍就剩下中国、俄罗斯和伊朗了。令人吃惊的是，甚至美国也在必须彻底摧毁之列。在一系列战争的废墟之上，他们计划在十年之内实施其"大重置"计划。

三、去美元化、金砖国家与全球战争

随着瑞士达沃斯圈子秘密操纵的全球控制计划浮出水面，尤其是北约支持的乌克兰政变以及企图摧毁俄罗斯的经济和军事战争愈演愈烈，南方国家以及盎格鲁－美利坚达沃斯议程之外的其他国家产生了越来越多的防御性反应。俄罗斯开始转向东方，与中国和包括印度在内的其他国家一道，建立独立于美国非法制裁的经济关系。中国无视西方的强烈反对，着力推进“一带一路”建设，致力于通过基础设施项目的全球网络建设扩大欧亚联盟。

越来越多的金砖国家开始意识到，只要它们绑定在美元上，施加在俄罗斯头上的非法制裁（包括没收其中央银行的资产、踢出国际资金清算系统）就会迟早落到它们头上。部分主要金砖国家开始探索绕开美国控制的国际资金清算系统、减少美元贸易的道路。一条完全不同于盎格鲁－美利坚全球霸权、立足欧亚的崭新道路已初露端倪，它将终结控制世界200年之久的全球霸权。

接下来的数月数年，我们将目睹一场新型的全球战争，一场决定中国和俄罗斯生死存亡的战争。这无疑将是一场无所不用其极的新型战争，包括网络战、卫星和无人机电子武器战、生化战以及大量的各种新式武器的战争。这是一场前所未有、生死攸关的考验。

相关国家，尤其是中国、俄罗斯和伊朗，唯有保持高度警醒、具有远见卓识，才能取得胜利。

F. William Engdahl

威廉·恩道尔

2024年12月

于德国法兰克福

前　言

香料战争与十字军东征

哲人乔治·桑塔亚纳曾言："忘记历史，必将重蹈覆辙。"回首百年，世界诸多大事堪称史无前例。但是，若审视人类行为的本质，这些事件无非是历史的再现。

"9·11"事件之后，小布什发动反恐战争。"要么是朋友，要么是敌人"，可谓掷地有声，俨然是一场正义与邪恶的对决，而"新十字军东征"的说法更是意味深长，让各国尤其是中东国家不禁回想起"十字军东征"——欧洲对中东地区长达两个世纪的战争。这一历史的比照发人深省，以至于小布什在其幕僚建议下迅速改口，再也不提"东征"二字。

早在800多年前，阿拉伯和北非地区就是世界地缘政治的角逐中心。在北非以及现在被西方称作"中东"的地区，阿拉伯商人垄断了当时最昂贵的商品——从亚洲运来的香料。

所谓的香料就是桂皮、胡椒、肉豆蔻等，精明的阿拉伯商人对其产地讳莫如深，堪比最高军事秘密。由于香料广受欢迎，他们费尽心机制造"物以稀为贵"的假象，为的就是在交易中轻松赚取40倍的利润。

当时威尼斯是亚得里亚海附近的城邦，与东方多有往来，阿拉伯香料商人在此贸易频繁。威尼斯之所以富甲一方，成为欧洲最强大的海上帝国，正是源于它控制了阿拉伯商人运到欧洲的香料。

后来，阿拉伯人威胁要中断香料供应。于是，威尼斯发动了人类历史上最为野蛮、也是最堂而皇之的掠夺战争——1202年的第四次十字军东征。这明明是赤裸裸的侵略行径，却披上了“为上帝而战”的外衣。

威尼斯从法国等地招募雇佣兵，用他们攻城略地，许诺之后一同分赃。当然，走卒们拿到的从来都是蝇头小利。威尼斯派出军舰并提供军饷，雇佣兵拿着剑、举着十字架，开始了近两个世纪的征战与屠杀。这便是基督教版本的宗教战争。

于是，“香料战争”变成了基督教徒针对伊斯兰教徒的战争，实际上只不过是为了控制当时世界上最昂贵的商品——东方的香料。数万名“圣殿骑士”挥戈东征，但他们却慢慢发现，自己所做的并不是收复被穆斯林占领的神圣领土，而是为威尼斯主子掠夺财富。

最血腥的一次东征始于1202年，其实并未以阿拉伯领土为目标，而是直指当时的基督教城市君士坦丁堡（现伊斯坦布尔）。这座大都市是东西方香料贸易的枢纽，信奉东正教的拜占庭王朝定都于此，拥有的财富无与伦比，但被十字军占领后洗劫一空。当时正值基督教内东西教会大分裂，十字军不但针对伊斯兰教徒，对东正教徒也不放过。

香料原产自印尼和印度，阿拉伯商人成功地控制了进货渠道，并编造故事渲染香料产地之遥远、货物之稀缺。他们甚至对欧洲人说，获取这些“极为珍贵”的物品风险极大，并不惜使用武力来阻止欧洲商人得知其中的秘密。后来，好奇的威尼斯人发现了香料的源头，并准备建立自己的买卖渠道。于是，就有了十字军东征，掀开了世界历史上最黑暗的一页。

不难看出，当时的宗教战争其实就是香料战争。

石油战争与美国霸权

19 世纪 90 年代，德国工程师鲁道夫·迪塞尔发明了使用汽油的内燃机，较之两个世纪前发明的以煤为燃料的蒸汽机，效率提高了 5 倍。在不到 20 年的时间里，世界强国的海军和陆军纷纷采用内燃机，全球政治和经济格局开始了历史性的变革，世界进入石油时代。

正如香料战争在人类历史上留下了黑暗的一页，石油时代的历史同样伴随着刀光剑影，充斥着欺诈与谎言。

为了确保对世界石油的垄断，进而为夺取世界霸权做好铺垫，几个美英大公司由政府撑腰，炮制了当代科学史上的弥天大谎。他们声称，石油是数亿年前的生物形成的化石燃料，因此储量有限，而且正迅速消耗。不管证据是否充分，西方地质学教科书把这作为白纸黑字的科学事实，不容些许质疑。进入石油时代之后，“石油有机说”被精心编造，几乎为世人所接受。

本书对“石油有机说”这一理论追根溯源，同时检视了石油在纷繁复杂的国际冲突中所扮演的角色。从冷战一直到近来中东等地的局部战争，其实都是为了控制石油，尤其是控制石油交易及随之产生的石油美元资金回流。掌握控制权的一直是一小撮美英石油公司——曾被称作石油“七姊妹”，如今合并为四家：埃克森美孚、雪佛龙、英国石油公司和壳牌。

20 世纪 80 年代末，一种新的金融工具“石油期货”大行其道，开启了美英合伙控制石油的新套路。这种机制抛开了传统的石油供需法则，可以在关键时期控制石油价格，为它们利用石油发动经济战提供了无限的可能。

本书回顾了石油的百年历史，探究了那些美英精英们如何制造石油稀缺的神话——也就是当今被奉若神明的“石油峰值论”，以及他们如何利用种种骇人听闻的策略来维系其全球霸权。

书中还介绍了俄罗斯的“石油无机说”，即石油生成于地幔之中，取之不尽用之不竭，但这一理论被传统石油地质学驳斥为异想天开。新学说最初成形于美苏冷战的巅峰时期，有人指出一旦摘下西方石油有机说的假面具，石油的价格就会像当初的香料一样，难以继续维持高价位。

"9·11"事件之后，纽约世贸大厦轰然倒塌的场景被反复播放，本·拉登的形象也一再刺激人们的神经，让美国人倍感无助，但这一恐怖袭击事件也为华盛顿发动战争赚足了吆喝。民众对反恐近乎宗教般的狂热让事实上的能源战争师出有名。从喀布尔到巴格达，从达尔富尔到开罗、的黎波里，美国操纵的战争一轮接着一轮，舆论更是铺天盖地。人们被告知战争是为了"自由与民主"，但实际上是为了控制世界上最重要的商品——石油，可谓逢油必夺。

2010 年 12 月 17 日，年轻的突尼斯小贩穆罕默德·布阿齐齐纵火自杀，原因是当地执法人员不让他在街上摆摊。事件引发了一连串的抗议、暴乱和冲突，并迅速蔓延到伊斯兰世界，从埃及到也门，从北非到中东。

自苏联垮台后，这是全球规模最大的地区局势动荡，起因却与真正的民主毫不相干，当地民众的民主诉求被人加以利用。真正的原因是一个式微的超级大国对全球权力的争夺，并借此谋求再度独霸天下。

中东之乱，并非针对腐败王朝或极端政权，当然这些的确存在，其幕后主使真正的目标是万里之遥的中国和地中海之滨的欧洲。

2011 年，中国已迅速崛起为全球经济大国。甚至有论调称，中国将在 10 年至 20 年后成为能够挑战美国霸权的超级大国。多年来，美国不断给中国制造麻烦，试图告诫中国，美元的主导地位不容撼动，但成效并不明显。

到 2010 年底，华盛顿及华尔街财团愈发清楚，中国在自身发展方面更加自信且成果明显。中国在全球发起的经济和政治攻势颇有成效，目的之一就是确保未来的发展有充足的石油供应。即便在非洲这片被西方遗忘的大陆，中国政府和企业也有大手笔，与不少国家签订了经济合作协议。

笔者伏案作序之际，正值 2011 年伊始。从中东到北非爆发了所谓的

“推特革命”（Twitter Revolutions），推动油价急速飙升，众多国家对此十分警惕，尤其是中国和西欧诸国。它们担心长此以往，整个伊斯兰世界会被美国搞得永无宁日。2003 年，小布什曾提出“大中东计划”，剑指西起摩洛哥、东到中国的广袤地区。事实上，美国正竭力促变，希望看到未来主导“大中东”的是市场的极端私有化、美国的“艾布拉姆斯主战”坦克、F-16 战机，以及远程控制的无人机。

正如香料战争一样，最具战略性的问题是谁来控制最关键的资源，而当今地缘政治博弈中最大的筹码就是石油。作为尼克松总统的国务卿，基辛格曾一手策划了 20 世纪 70 年代初的石油危机。他曾讲过：“如果你控制了石油，你就控制了所有国家。”到 2011 年，华盛顿的战略已经明白无误，控制中国及其在欧亚大陆的朋友才是战略要义。只是，这盘大棋局才刚刚开始，美国作何结局，仍需拭目以待。

威廉·恩道尔

2011 年 3 月

于德国法兰克福

目　录

第一部分　精心布棋

第三部分 峰值之争

第四部分　棋局中国

第一部分

精心布棋

第一章

本性难移：

“大中东”狼烟四起

Washington’s Greater Middle East War

为实现对整个伊斯兰世界石油资源的军事控制，美国制定了“大中东”计划。这一计划西起摩洛哥，横跨利比亚、埃及、苏丹、波斯湾，东至阿富汗、巴基斯坦。该计划表面宣称要对整个“大中东”地区的独裁政府实行民主改革，实际上暗藏着美国扩大军事控制和准备从经济上撬开中东国家大门的野心。突尼斯、埃及、利比亚、阿尔及利亚、叙利亚、也门等地的乱局早在数年前就埋下了伏笔。“大中东”计划所涉及的大部分国家所处地区对美国最为敌视，但这恰好符合华盛顿的“大中东”计划，只要让这片地区战乱不断，北约介入“保护重要石油供应线”就顺理成章。“大中东”计划的最终目的是牢牢控制核心战略资源——石油，并以此作为将来敲诈石油进口国的筹码，其终极目的是创建史无前例的全球霸权。

始乱突尼斯

21世纪伊始，克林顿总统即将任满之际，华盛顿的战略人士愈发清楚地认识到，美国全球霸权的唯一潜在对手就在欧亚大陆，确切地讲就是防止中俄联手，不让中东和非洲的主要产油国与它们合作。中国虽是全球经济大国，但国家能源安全过度依赖油气进口，五角大楼对此弱点一清二楚。

为了控制波斯湾的石油，从2010年10月开始，美国情报部门利用形形色色的非政府组织开展了一系列大胆的行动，美国有线电视新闻网（CNN）、英国广播公司（BBC）、《纽约时报》等美英喉舌也纷纷出马，把中东、北非的动荡标榜为民众的民主运动，溢美之词不绝于耳。

殊不知，突尼斯、阿尔及利亚、也门等地的乱局早在数年前就埋下了伏笔。五角大楼麾下的智库筹划在先，目的就是给高速发展的中国经济预设羁绊。正如美国前国务卿基辛格在20世纪70年代发生的石油危机中所言："如果你控制了石油，你就控制了所有国家。"

2010年12月17日，为抗议执法不公，一名27岁的突尼斯小贩纵火自杀，引发了所谓的"突尼斯革命"，一发而不可收。不出几周，当地工会和年轻人利用互联网组织了声势浩大的和平抗议，推翻了总统本·阿里的长期独裁统治。熟练地利用网络工具实现政权更迭，这在中东还是第一次。[1]

就在自杀事件之前的2010年10月末，《纽约时报》曝光了一封美国外交邮件，据称此类“非法下载”的文件数不胜数。邮件是美国驻利比亚大使发回国内的报告，内容涉及他和本·阿里的富翁女婿的晚餐谈话。[2] 邮件似乎是从网上不小心泄露出去的，但突尼斯网民迅速得知内容，并据此判断华盛顿会支持他们反对本·阿里的行动。很多严肃的政治观察家认为其消息来源——“维基解密”* 背景复杂，很可能是美国情报部门用来散布虚假消息的工具。在突尼斯事件中，维基解密的确起到了推波助澜的效果，泄露邮件的时机不可谓不巧，难免让人心生疑云。

为了促成突尼斯民众对本·阿里的“自发”抗议，华盛顿真是煞费苦心。国际货币基金组织刚刚迫使本·阿里取消粮食补贴，华尔街的投机商们就大肆推高谷物价格，为突尼斯民众纷纷倒戈火上浇油。[3] 此外，美军非洲司令部司令威廉·沃德上将在2010年5月造访突尼斯，会见了突尼斯国防部部长利达·格里拉。据非洲司令部公布的消息，格里拉那时刚从华盛顿回国，“与美国国防部部长盖茨进行了非常积极的对话”。[4] 本·阿里失势后，突尼斯军方高层地位依旧巩固，在幕后控制着国内事态的发展，这不能不让人感到华盛顿对突尼斯军方的支持力度。横扫突尼斯及该地区的所谓“民主”，只不过是西方媒体刻意制造的幌子，为的是扶持投靠华盛顿的新兴军事独裁势力。五角大楼对这一伎俩可谓轻车熟路。

“突尼斯革命”的胜利引发了伊斯兰世界局势动荡，北非、中东、中亚，到处可见美国的身影，而这一切的终极目标都指向中国。[5]

美国的“大中东”计划

2003年初，小布什和切尼决定入侵伊拉克，这其实与“9·11”事

---

* 维基解密是一个大型文档泄露及分析网站，成立于2006年12月，目的为揭露政府及企业的腐败行为。——译者注

件以及本·拉登毫无关系，后来的事实已经证实了这一点。此举只是华盛顿宏大的地缘战略的一个棋子。这一战略涵盖地域极广，从北非的阿尔及利亚到利比亚，经波斯湾到伊朗、阿富汗，最终直抵中国的家门口，目的是要彻底实现对伊斯兰世界石油资源的军事控制。[6]

美国的这一大战略到底是什么?

鉴于对前华约成员国的政权更迭计划非常成功，美国以此为蓝本制定了“大中东”计划的框架。该战略由前五角大楼顾问、新保守主义分子理查德·珀尔和小布什政府官员道格拉斯·费思于1996年提出，最初是为以色列新当选的内塔尼亚胡政权起草的白皮书。

白皮书名为《彻底决裂：获得领地的新战略》，是美国智库第一份公开呼吁清除萨达姆的政策建议，并且主张对巴勒斯坦人采取强硬军事立场，打击叙利亚和位于黎巴嫩境内的真主党目标。[7]据称，内塔尼亚胡领导的利库德政权当时没有采纳珀尔和费思所提的建议，理由是太过冒险。

“9·11”事件之后，随着珀尔等新保守主义的极端好战分子重返决策圈，小布什政府对珀尔－费思报告的扩充版予以高度重视，将其称为“大中东”计划，费思也被任命为国防部副部长。

该计划宣称要对整个大中东地区的独裁政府实行民主改革，虽然听上去冠冕堂皇，但实际上却暗藏着美国扩大军事控制和准备从经济上撬开中东国家大门的野心。

2004年6月，八国集团峰会在美国佐治亚州西艾兰（Sea Island）召开，美国提交了一份文件，题为《八国集团与大

“大中东”计划西起摩洛哥，横跨利比亚、埃及、苏丹、波斯湾，东至阿富汗和巴基斯坦

中东伙伴关系》，在文件的“经济机会”部分，华盛顿高调呼吁在大中东地区“大举推行经济变革，规模要不亚于曾在东欧国家实施过的经济疗法”。

此前，国际货币基金组织曾在俄罗斯、波兰、乌克兰等东欧国家实行“休克疗法”。经历之痛苦让这些国家清楚地意识到，华盛顿就是要掠夺其国家财富。为了把东欧国家纳入美国的掌控，华盛顿把它们一个又一个拉进北约。而北约作为军事联盟，早在华约解散和苏联解体之际，其使命就应宣告结束。

2004 年，该文件被沙特阿拉伯的《生活报》曝光，中东抗议浪潮此起彼伏，重点就是针对美国的“大中东”计划。当年 4 月，法国《外交世界》的一篇文章这样写道：“除了阿拉伯国家，‘大中东’还包括阿富汗、伊朗、巴基斯坦、土耳其和以色列。这些国家的共同特点只有一个，就是所处地区对美国最为敌视，宗教激进主义也十分盛行。”[8] 但是这恰好符合华盛顿的“大中东”战略，只要让这片地区战乱不断，北约介入“保护重要石油供应线”就顺理成章。

2005 年 5 月，美军轰炸巴格达的硝烟尚未散去，小布什就宣布要在整个中东地区“传播民主”，明确表示要“在 10 年内建立美国－中东自由贸易区”。[9] 不过可笑的是，在世人眼中这位总统的所作所为却总是与民主背道而驰。

美国提交的文件还指出，要实现繁荣和民主，关键在于加强私营产业的发展。文件甚至指鹿为马地宣称，奇迹的出现要依靠微观金融措施，即“每年向中东企业家提供 1 亿美元贷款，持续五年，这将帮助 120 万名企业家脱贫，包括 75 万名女性”。[10]

文件设想由国际机构接管该地区的银行和金融业务。所谓国际机构主要是世界银行和国际货币基金组织，其实它们与世界贸易组织一样，都在美国的控制之下。美国的长期目标就是完全控制石油，全面掌控石油美元回流，进而彻底控制整个中东的经济。计划十分大胆，但也未免铤而走险。

然而不久，华盛顿就在伊拉克陷入泥潭，再加上埃及总统穆巴拉克和沙特国王这两位中东老牌领导人的强烈反对，小布什政府的意识形态狂热分子才将“大中东”计划暂时搁置。显然，这也是日后穆巴拉克成为华盛顿眼中钉的原因。

到了 2010 年，美国的战略影响力有所下降，而中国的实力却迅速上升，这不能不让华盛顿的战略人士忧心忡忡。他们决定以民主的名义在整个伊斯兰世界策动政权更迭。2011 年初，突尼斯变局在很短的时间内就被美国所左右，之后五角大楼就把目标锁定在长期的铁杆盟友穆巴拉克身上。

华盛顿的“软”革命

突尼斯总统本·阿里仓皇流亡沙特，接着埃及的示威活动就导致穆巴拉克下台。白宫、国务院、CNN、BBC 等宣称抗议活动是“自发”事件，但事实远非如此。

如果仔细观察 2003 年至 2004 年格鲁吉亚和乌克兰的“颜色革命”，以及 2009 年试图推翻伊朗总统内贾德但最终失败的“绿色革命”，就会发现“突尼斯革命”和埃及的政权更迭与它们极其相似。这些事件都是以高科技为手段，而且背后有美国的支持。

在埃及变革中，一方面，支持巴拉迪的青年人利用网络相互串联；另一方面，神秘的穆斯林兄弟会在被取缔后依然呼风唤雨，而据称穆斯林兄弟会与美英情报机构和共济会都有联系。[11]

挑头的是一个自称“4·6”运动的组织，它号召埃及举行大罢工，并把 2011 年 1 月 25 日定为“愤怒日”。活动是该组织利用“脸书”网站发起的，声势浩大、组织严密。穆巴拉克被迫解散内阁，任命情报部前部长苏莱曼为副总统。

“4·6”运动的发起人是一个 29 岁的土木工程师，名叫艾哈迈德·马希尔·易卜拉欣。他在“脸书”上开设了主页，意在纪念2008年4月6日发生的工人罢工。

据《纽约时报》2009年的统计，“脸书”和“推特”网站的埃及会员已达80万，大部分是年轻人。在华盛顿接受卡内基基金会采访时，“4·6”运动的负责人马希尔讲道：“这是埃及青年第一次利用‘脸书’和‘推特’这样的网络工具发起运动。我们的目标是推动民主，鼓励民众参与政治改革。”[12]

“4·6”运动自由松散，但在它背后却有另外一个组织严密的机构“卡法亚”（Kefaya），由兰德公司一手扶植。兰德与五角大楼关系密切，善于利用暴徒并煽动民众来给华盛顿的对手制造麻烦。1968年，针对法国总统戴高乐的“五月风暴”也是这个智库所为。[13]

卡法亚——五角大楼的“非暴力战争”

卡法亚是组织埃及示威的核心力量，最终迫使执政42年的穆巴拉克下台。卡法亚的意思是“受够了！”

说来好笑，国家民主基金会[14]等非政府组织作为政权更迭的推手，在埃及“颜色革命”中却显得有些江郎才尽，未能编造出更能蛊惑人心的新词。相比之下，在2003年11月格鲁吉亚的“玫瑰革命”中，美国资助的那些非政府组织更有创意。它们精挑细选，把“卡马拉！”（格鲁吉亚语，意思也是“受够了！”）作为关键词，以此彰显那次以年轻人为主的政权更迭运动。

格鲁吉亚的青年人被精心训练成分散的网络小组，以避免高度集中可能带来的覆巢之祸。为掩人耳目，骨干分子在体育场所接受训练，掌握非暴力斗争的各种技巧，以及政治蛊惑、媒体宣传、动员民众等方面的培训。

推崇卡法亚和卡马拉的除了国家民主基金会，还有像吉恩·夏普的

“爱因斯坦研究所”这样的机构。“爱因斯坦研究所”这个名字极具迷惑性，其宗旨之一就是夏普提出的“非暴力战争”。[15]

卡法亚成立于2004年，正式名称是“埃及变革运动”，由埃及精英在瓦萨特党领导人阿布·马迪的故乡建立，而瓦萨特党据称是由穆斯林兄弟会一手创建。[16]成立卡法亚的目的很明确，就是为结束穆巴拉克的统治而联合各方力量，其运作方式与“玫瑰革命”如出一辙。

作为“4·6”运动的核心力量，卡法亚很早就开始利用新兴媒体和网络科技，以此动员埃及民众。无论是博客政治化，还是发布逃避审核的YouTube视频和图片，其手段都极为专业。在2009年11月的一次集会中，卡法亚宣布支持巴拉迪参加2011年埃及总统选举。[17]

兰德和卡法亚

在美国“国防部部长办公室、联合参谋部、联合作战司令部、海军部、海军陆战队，以及军方情报部门的共同授意”下，有军方背景的兰德公司对卡法亚进行了详细的研究。[18]

在2008年向国防部提交的报告中，兰德对卡法亚作出如下评估：

> 推动阿拉伯世界民主化符合美国的利益，尤其是“9·11”事件后，美国遭受来自沙特、阿联酋、埃及和黎巴嫩的恐怖分子袭击后，这一做法的作用更加突出，这事关能否有效减少政治动荡和恐怖主义。正如2003年布什总统在对国家民主基金会致辞中所言，“只要中东仍未获得真正的自由，那里就会一直停滞不前、充满仇恨，成为输出暴力的源泉”。美国曾利用各种手段推动中东民主化进程，包括不同名义的军事干涉，其最终目的都是在当地建立民主政府。然而，就效果而言，最佳方法是发动当地民众自行推进民主化。[19]

兰德的研究人员花了若干年来完善“蜂拥”（swarming）战术，这是一种非传统的政权更迭方式，核心就是用数字技术组织大规模的年轻暴民，采取“打了就跑”的抗议形式，如同蜂群的活动方式。[20]

那些打着“人权”、“民主”和“非暴力”旗号的非政府组织，以及它们的后台美国政府，越发青睐在目标国精心策划“自发”抗议活动，目的是扶持亲美政权上台，推进五角大楼的全方位主导战略。兰德报告的结尾部分这样建议：

> 借助美国国际开发署和联合国开发计划署等机构，华盛顿曾广泛支持变革力量。鉴于当前美国在中东地区的负面形象，对这些变革力量的支持最好通过非政府组织和非营利机构展开。[21]

对于美国政府在将来如何对变革运动进行支持，兰德 2008 年的研究给出了具体建议：

> 美国政府应支持非政府组织为变革力量提供培训，教导它们在民主改革中如何建立联合阵线、如何处理内部分歧。学术机构（包括与美国政党相关的非政府组织，像国家民主研究所也可以承担这类培训，以便帮助变革势力以和平民主的方式解决内部分歧。
>
> 美国应帮助变革力量获得并使用信息技术，奖励美国公司对事发国通信设施和信息技术进行投资。这些公司还要负责维护变革力量的网站正常运行，提供匿名访问等技术支持，避免网站受到政府监督及封杀。[22]

该项目由“负责军购、技术和后勤的国防部副部长所辖的快速反应技术办公室发起，兰德国家安全研究中心的‘替代战略项目’负责专项研究”。[23]

替代战略项目的研究内容包括：“如何创造性地运用媒体、如何让青年人更为激进、如何策划部落叛乱、如何利用社交工具发动心怀不满的民众，以及本研究的主题——替代战略。”[24]

2009 年 5 月，就在美国总统奥巴马前往开罗会见穆巴拉克之前，美国国务卿希拉里在华盛顿会见了十六名埃及激进分子。活动由总部设在华盛顿的"自由之家"主办，这是一个成立较早的所谓保护人权的非政府组织，在塞尔维亚、格鲁吉亚、乌克兰等美国主导的"颜色革命"中都有它的身影。当时，其"新一代项目"为这些年轻人免费提供的两个月学习即将结束，因此近东事务代理国务卿助理杰弗里·费尔特曼专门陪同参加了会见。[25]

受美国政府资助的国家民主基金会和"自由之家"都是专事政权更迭的非政府组织，2010 年席卷伊斯兰世界动乱的幕后推手正是它们。

艾伦·温斯坦是国家民主基金会的创始人和首任会长，他在 1991 年接受《华盛顿邮报》采访时讲道："今天我们干的很多事情都是中情局 25 年前悄悄做的。"[26]

纵观国家民主基金会自创立以来的董事会名单，有国防部前部长、现供职于凯雷集团的弗兰克·卡卢奇和北约前最高司令韦斯利·克拉克。另外还有新保守主义鹰派人物扎尔梅·哈利勒扎德，小布什发动的阿富汗战争就是此人一手策划，他后来担任美国驻阿富汗大使和驻伊拉克大使。维恩·韦伯也是该基金会的董事，他曾与前国务卿奥尔布赖特共同领导一支重量级的团队，独立研究美国在阿拉伯世界变革问题上的政策。他还与切尼和拉姆斯菲尔德一道创建了"美国新世纪计划"，这是一个鹰派智库，早在 1998 年就叫嚣要在伊拉克实施政权更迭。[27]

利比亚：北约动武势在必行

当阿尔及利亚、也门、巴林等伊斯兰国家动荡不堪甚至政权不保时，利比亚看上去却纹丝不动。无论华盛顿采取何种政变措施，卡扎菲就是不肯拱手交权。

说突尼斯和埃及的民众备受物价飞涨和贫富差距的影响，大致还有几分道理，但利比亚的情况则完全不同。利比亚的人均生活水平居非洲大陆之冠，民众在医疗、教育和能源方面都享有政府补贴。卡扎菲执政 42 年间，也并非都是“防民之口，甚于防川”。

卡扎菲从伊德里斯国王手中夺取政权时，利比亚人的识字率仅为 10%，现在超过 90%，这似乎与暴君的典型形象不太相符。在非洲大陆，利比亚的婴儿死亡率最低，人均寿命最高；营养不良的人口不到 5%，比美国还少；贫困人口的比例比荷兰还要低。针对粮食价格上涨，卡扎菲甚至取消了相关的课税。卡扎菲将自己的模式称为“伊斯兰社会主义”。虽然人口的绝大多数是逊尼派，但国家采取的却是世俗而非宗教体制。[28]

最重要的问题是，卡扎菲始终不肯把本国丰富的石油资源交由美英石油公司开采，而是把非洲最大的油田牢牢控制在自己手中，有选择地与外国公司签订长期特许协议，中国就是利比亚国家石油公司的大客户之一。与突尼斯和埃及不同，号召年轻人发动示威这招在利比亚行不通，所以华盛顿不得不在当地扶持并培训反对派，爆发全面内战也就在所难免了。

阿拉伯联盟秘书长穆萨发表声明，声称卡扎菲下令向手无寸铁的平民开枪，呼吁对利比亚局势进行军事干预。为了褒奖穆萨此举，美国暗中首肯他取代穆巴拉克担任埃及总统。

有了阿拉伯联盟声明的这个借口，美国迫不及待地要求联合国安理会授权多国部队对利比亚进行军事干预，提案获得通过，但作为常任理事国的中国和俄罗斯投了弃权票。萨科齐在军事行动中一马当先，幻想能帮法国石油公司夺取利比亚丰富的石油资源。

北约的军事行动有一点最引人注目，那就是利比亚虽未违反联合国宪章，但“国际舆论”却接受了对一个主权国家发动赤裸裸的军事入侵的事实，这无疑践踏了国际法的基本准则，尽管这次军事行动被贴上了“人道主义”的标签，依旧掩盖不了其新殖民主义的行径。如果利比亚战事的目的就是强推政权更迭，世界似乎并未考虑对此听之任之将产生的影响。问题的关键并不涉及卡扎菲是好还是坏，问题的根本是当下的国际法是否公正、战争之举是否正义。

利比亚的事态发展意味着有人要在国际社会强力推行一种新的观念，这种观念被其发明人称作"保护责任"。虽然这个概念含混不清，但奥巴马总统硬是以此作为美军入侵利比亚的理由。联合国秘书长潘基文称，在利比亚采取军事行动完全是出于人道主义的需要，并解释道："'保护责任'是一个有关国际安全和人权的新观念，旨在解决国际社会迄今未能很好处理的问题，像大屠杀、战争罪行、种族清洗，以及人道主义犯罪。"[29]

负责为"保护责任"这个模糊不清的观念四处布道的也是一个无孔不入的非政府组织，名为"全球保护责任中心"。该组织是由其他人权组织创立的，其中包括国际危机组织、人权观察、乐施会和难民国际。这种创建方式多少有些像俄罗斯套娃，只不过这些非政府组织的捐赠人却总是那几张老面孔。[30]

美国先是让北约大肆炒作，接着又在证据不足的情况下声称卡扎菲派空军滥杀无辜。迫于美国的压力，穆萨和阿拉伯联盟成员国以西方的表态为依据，呼吁对利比亚动武，这样美国和伦敦就轻松拿到了下一步行动所必需的遮羞布。尽管尚无证据证明卡扎菲政府军对无辜平民的屠杀，但发动"人道主义"战争已势在必行。看到这些，人们不免要问，为什么北约不在巴林、也门、叙利亚设立这样肆意狂轰滥炸的禁飞区呢？

"保护责任"的标准到底由谁来决定？！

与处理其他国家的动荡局势不同，美、英、法对于推动利比亚国内和谈丝毫不感兴趣，更别提寻求妥协了，这正是"保护责任"高度灵活性的体现。谁该干什么都要由美国来决定，国家主权的概念早已被弃之脑后。

早在2004年，索罗斯就在《外交》杂志上发表了一篇文章，对国家主权的概念作出阐释，但并未引起太多关注。他写道：

主权是一个过时的概念。它可以追溯到很早以前，当时社会由统治者和奴隶组成，还没有公民的概念，直到1648年《威斯特伐利亚和约》签署后，主权才成为国际关系的基石……当今，不是所有的民族国家都是民主国家。如果外部势力要对民族国家的内部事务进行干预，主权就成为一块绊脚石。但是，真正的主权属于公民，政府行使主权的权力是公民赋予的。如果政府滥用权力而民众又无力对其加以纠正，那么外部干预就合情合理。[31]

战略意图

2010年至2011年，中东北非局势动荡，地点恰好符合小布什提出的“大中东”计划的范畴，他声称要在从阿富汗到摩洛哥的广大伊斯兰国家推动“民主”和“自由市场”改革。

然而，“大中东”计划的最终目的是牢牢控制核心战略资源——石油，并以此作为将来敲诈中国的筹码。这只是一百多年来美英大战略的一个棋子，用基辛格的话来说就是——“如果你控制了石油，你就控制了所有国家。”

美英势力运用这一战略抢占石油资源、控制石油供应和操纵石油价格。事实上的“无形战争”早已开战，其终极目的就是创建史无前例的全球霸权。

第二章

弥天大谎：

石油峰值论

Silent Weapons for Quiet Wars

洛克菲勒及其盟友在控制了沙特和科威特的新油田后，成功地利用廉价的中东石油冲击美国市场并从中牟利。但是，他们担心其他石油公司也发现超级油田，令自己失去价格控制优势。精心策划之后，他们推出“石油峰值论”，制造石油稀缺的假象，以便提高油价。他们将石油地球物理学家哈伯特推到前台，授意其推出这一理论并预测当时美国石油储量的峰值。哈伯特将未经证实的“石油有机说”作为理论基础，得出石油储量有限的结论，并凭感觉预测了石油最高储量。凭借哈伯特的“科学”论断，石油巨头使沙特、科威特等中东国家出产的石油获得了优惠石油关税，从中谋取巨额利润。接下来，他们又说服政府将控制中东油田上升到“国家安全”的高度，为后来对中东国家石油的掠夺埋下伏笔。

建立石油帝国

20 世纪 50 年代，可谓是美国石油巨头的黄金岁月。几大公司屈指可数，要么充当洛克菲勒石油帝国的魔爪，要么助纣为虐。第二次世界大战后，洛克菲勒家族依托名下的信托和基金等机构，有效掌控了当时国际石油的三驾马车——加利福尼亚标准石油（雪佛龙）、新泽西标准石油（埃克森）和纽约标准石油（美孚）。[1]

这个石油帝国的掌门人就是洛克菲勒四兄弟。

老大约翰·洛克菲勒三世左右着战后的美国对日政策，还密谋了人口控制论。他掌管洛克菲勒兄弟基金会和洛克菲勒基金会，在世界各地慷慨出资，布局战后学术研究，目的就是家族的一己私利。

老二纳尔逊·洛克菲勒是富兰克林·罗斯福身边的红人，在这位民主党总统的拉美政策上说一不二。后来，他又摇身一变，投靠到共和党艾森豪威尔总统麾下，位高权重，一手策划了冷战时期的对苏心理战。

老三劳伦斯·洛克菲勒在政治舞台上与兄弟们不分伯仲，且更具商业头脑。他有不少公司，美国东方航空便是其中之一。他曾经多次把波多黎各的廉价劳工运到美国的血汗工厂。20 世纪 60 年代末，他还通过风险投资创建了一个小型半导体公司，也就是后来大名鼎鼎的英特尔。[2]

戴维·洛克菲勒排行最小，执掌家族的大通国家银行，为洛克菲勒标准石油的全球布局筹措资金，并让大通逐渐成为美国第二大国际银行。

位于纽约的洛克菲勒中心

第二次世界大战以后，洛克菲勒兄弟的影响力与日俱增。除了主宰石油帝国，他们还通过公司董事会盘根错节的关系，把魔掌伸进主要军工企业，像麦道飞机、孟山都、杜邦、赫克力士火药、核能开发、通用电气、罗克韦尔等。此外，借 1919 年凡尔赛和谈之机，洛克菲勒和 J.P. 摩根一起出资，创建了纽约“外交关系协会”（CFR）这个私营智库，豢养了一批精英中的精英。[3]

约翰·杜勒斯

冷战初期，艾森豪威尔政府中的实权派当属杜勒斯兄弟。艾伦·杜勒斯是中情局局长，约翰·杜勒斯是国务卿，两人的仕途都得益于洛克菲勒帝国。

约翰·杜勒斯曾任职华尔街克伦威尔律师事务所，是标准石油公司的代理律师，也是洛克菲勒基金会的理事。与洛克菲勒家族联姻后，他升任基金会的董事会主席，之后便平步青云，出任国务卿。[4]

简而言之，洛克菲勒石油王朝运筹帷幄，在战后的艾森豪威尔政府中占尽先机，目的就是扩张其石油帝国，在全球巧取豪夺。

哈佛项目老谋深算

20 世纪 50 年代，在洛克菲勒家族利益的驱使下，美国跃升为世界头号石油消费国，标准石油则控制着开采、精炼、运输等重要环节。但这个石油帝国的幕后老板仍不满足，不甘心像普通公司一样只赚点蝇头小利。

美国法律严禁行业垄断，但涉及石油产业时，大公司却总能让政府三缄其口。洛克菲勒家族在战后的美国政界法力无边，在共和党、民主党阵营均能畅行无阻，其石油帝国垄断势力无人能及。1950 年，石油、洛克菲勒石油卡特尔和美国“国家安全”俨然已是“三位一体”了。由于五角大楼日益庞大的战争机器成为石油产业最大的客户之一，石油就冠冕堂皇地戴上了神圣的光环。既然石油对美国国家安全如此重要，岂能坐视不理？[5]

于是，社会工程学家萌生了一个念头，别出心裁而又阴险恶毒。他们先是将其推销给洛克菲勒等美国“东海岸权势集团”*（即华尔街和标准石油的权贵们），接着又扩大到西方世界，核心就是借助石油来控制社会。它们先在美国小试牛刀，随后其影响力便迫不及待地伸向整个世界。

1948 年，洛克菲勒基金会慷慨解囊，资助哈佛大学年轻的俄裔经济学家瓦西里·列昂惕夫 10 万美元，这在当时可不是个小数目。[6]

列昂惕夫在大学期间离开苏联移民到美国。他在战后创建了哈佛

---

* 即“建制派”。——译者注

经济研究项目，收集行业生产数据，借此建立动态经济模型。哈佛商学院雷·戈德堡和约翰·戴维斯教授的“商业化农业”模型就是该项目的一部分。整个20世纪50年代，洛克菲勒家族对他的资助源源不断，后来福特基金会也加入进来。要知道，福特基金会的一举一动和美国的外交政策常常遥相呼应，特别是在20世纪50年代，它和中情局更是如影随形。

列昂惕夫雄心勃勃，首次利用国际商用机器公司计算机研究复杂的经济问题。[7]其研发的模型非常精准，让华盛顿的实权派可以及时判断经济运行态势，避免自身利益受损。对洛克菲勒家族及其朋友而言，该项目还为如何控制社会提供了前所未有的手段。

在洛克菲勒、杜邦、福特等权势精英的眼中，芸芸众生都可以任其摆布，使他们即便被榨干利益却仍旧对真相浑然不知。

社会工程学源自运筹学，是两次世界大战孕育出的方法，在战略和战术层面都适用。运筹学最初是研究空中和陆地的防御问题，以便在对敌作战中发挥军事资源的最大效用。一些有远见的高官颇受启发，认定这个方法也可以用来控制整个社会，于是洛克菲勒基金会开始接触列昂惕夫。[8]列昂惕夫的项目起初是为不断拓展的美国经济建模，后来随着计算机功能增强，数据增多，他开始模拟全球经济的运行。[9]

1973年，瓦西里·列昂惕夫获得了诺贝尔经济学奖

毫无疑问，社会工程学的核心问题是能源。列昂惕夫也开始关注如何管理“有限资源”，这正是洛克菲勒帝国20世纪60年代以后经济战略的核心。原因不言自明，有能力对石油这一最重要的资源呼风唤雨的，注定只有洛克菲勒石油帝国。

油价居高不下

随着经济模型的完善，预测未来经济的整体趋势和能源需求成为可能。同时，在人为操纵下，美国逐渐从依靠有轨交通出行变成以汽车出行为主。但是，标准石油及其盟友壳牌，以及当时的盎格鲁－波斯石油（即后来的英国石油公司），这些石油巨头们仍然夜不能寐，因为一旦大量石油突然涌入世界市场，它们精心搭建的石油大厦就会轰然倒塌。要知道，当时得克萨斯西部的佩尔米安*油田面积巨大，其长度达 482 千米，宽度达 402 千米。

1948 年，标准石油在沙特的子公司阿美石油，在盖瓦尔发现了世界上储量最大的油田，一夜间世界石油市场地动山摇。到 2005 年，该油田已累计产油 550 亿桶。尽管质疑不断，但在被发现半个世纪后，它的日产量仍高达 500 万桶。然而，这仅仅是当时新发现的巨型油田之一。1953 年，在伊拉克又发现了超级油田鲁迈拉。美国虽然盛产石油，但受此影响开始逐渐倚重石油进口。

幸好洛克菲勒帝国及其盟友抢先一步，大多数新发现的大油田都没能逃出它们的掌心。

在控制了沙特、科威特的新油田进而得以号令中东之后，帝国的石油巨头们得寸进尺。它们认为，用中东的廉价石油冲击美国市场有利可图，一是国内开采成本较高；二是很多油田仍属于其他中小石油公司。

20 世纪 50 年代初，世界石油的开采成本如此悬殊。与美国得克萨斯、加利福尼亚、俄克拉何马等地相比，沙特等中东国家的开采成本通常只有它们的四分之一至五分之一。阿美石油在沙特开采 1 桶原油的成本是 20 美分，却能卖到 1.75 美元。另外，美国财政部以国家安全的名义为沙特政府量身定做了“外国税收抵免”协议，保证其石油廉价进口，以便挤垮除石油卡特尔以外的其他公司。与此相反，阿美石油在美国和

---

* 又译为“二叠记”。——译者注

沙特却一分钱的税都不用缴。[10]

石油巨头们说干就干，廉价的中东石油在美国市场遍地开花。

尽管如此，石油大亨们仍有一个梦魇挥之不去。作为当时全球经济发展的主要能源，世界石油虽然控制在洛克菲勒帝国及其盟友手中，但如果其他石油公司也发现了像盖瓦尔、鲁迈拉这样的超级油田，又不肯与洛克菲勒沆瀣一气，那么就会终结美英玩家对世界石油的控制，最终就有可能噩梦成真。

显然，加强对石油的控制迫在眉睫。

石油巨头打造“专家”

作为第一步，美英石油巨头认为需要一个经过科学包装的谎言——石油储量有限并会迅速枯竭。它们认为，这种说法既易于被大众接受，也便于散布，为此专门选定了芝加哥大学石油地球物理学家马里安·金·哈伯特。此人性格古怪，喜欢别人称呼他“金先生”，曾供职于得克萨斯的壳牌石油公司。

马里恩·金·哈伯特曾预言，美国石油出产将于1970年左右达到顶峰

1956年，在美国石油学会的年会上，石油巨头授意哈伯特发表了一篇名为《石油峰值》的论文，一场当代最著名的科学骗局就此拉开序幕。

哈伯特结论的前提：石油是化石燃料，是5亿年前恐龙、藻类等生物体经生化反应生成的。这个前提仅仅是个假设，完全未被证实。哈伯特对此学说也未做任何科学证实，但却将之奉为圭臬，进而提出新马尔萨斯主义，即面对即将到来的石油匮乏，必须采取相应的社会控制措施。

1989 年，哈伯特去世前在一次访谈中直言不讳地承认，他用来估算美国石油储量的方法没有任何科学依据，就像竖起手指来测量风速。他说道：

> 他们要求我做的，就是估计石油的最大储量……我必须知道。我别无选择，只能画出石油峰值的曲线，还要让所有人对此深信不疑。这就是事情的真相。相关曲线都是臆想出来的，我只是大概估算了一下，随手一画，如果觉得数值太高，就把线画低点，反之就画高点。除了根据曲线本身计算某段时间的石油产量之外，根本不涉及任何数学问题……就我个人感觉而言，当时美国石油的最大储量大约是 1500 亿桶。[11]

如果哈伯特的这套方法听起来缺乏科学的严谨性，那是因为它原本就不是。

哈伯特还承认，化石燃料说让自己的石油峰值论顺理成章。“这个假设提供了强大的地质学基础，让我们的说法听起来不是信口开河。”他还胸有成竹地讲道：“原始生成的石油总量是一定的，再生部分可以忽略不计。可开采的区域仅限于古生物大量沉积的岩床，而且迄今为止所有可能出产石油的地区均被仔细勘探过。”[12]

这一预测耸人听闻，其实 1956 年全球石油勘探工作才刚刚起步。

大约 25 年后，美国得克萨斯州德高望重的石油地质学家和勘探工程师迈克尔·霍尔布蒂对这一结论提出大胆质疑。他认为，美国国内的石油开采量会不断增加，并为此振臂疾呼。1980 年，他在《华尔街日报》撰文指出：

> 全球约有 600 个具备开采前景的油气盆地，其中 160 个已有较好的商业产出，240 个刚开始开采，剩余的 200 个尚未开发。截至 1978 年，全球共钻井 3444664 口，73% 是在美国，但美国可开采的

地质区域仅占世界的10.7%。也就是说，在世界上89.3%的可开采区域，钻井数才仅有27%……大多数油气盆地有待开发。[13]

对此，哈伯特和石油巨头们充耳不闻。

石油峰值论毫无科学依据，却被大肆鼓吹。哈伯特进一步预测，美国石油储量最多不过2000亿桶，1970年产量达到顶峰，随后不可避免地会沿钟形曲线加速下滑。

为了把伪科学装扮成真科学，哈伯特使用了高斯曲线，这是19世纪德国数学家卡尔·高斯发明的实证性研究工具。但是，为什么要用高斯曲线来描述石油储量，哈伯特不光在论文中只字未提，此后也绝口不谈。哈伯特的曲线并未采用油田实际生产数据，而是他所声称的对所有油田都适用的理想数值。他先估计美国境内的生物沉积量，然后以此为据推导出所谓石油最大储值。[14]

肯尼思·德费耶是20世纪50年代哈伯特在休斯敦壳牌的同事。他说："哈伯特预测所使用的数学方法并不十分清晰。几十年后，我猜测他

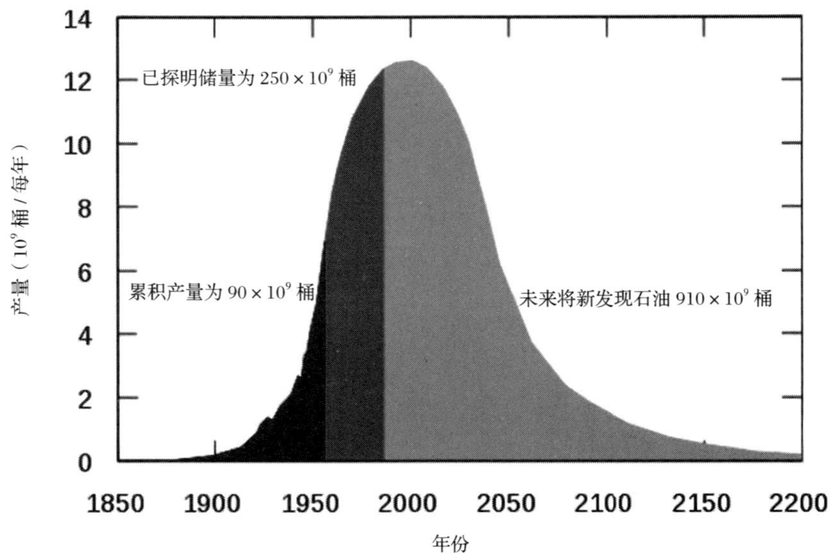

哈伯特石油产量曲线

和很多人一样，也是先得出结论，然后再寻找原始数据加以支撑。尽管与他上百次共进午餐，也有数次深谈，但我始终没有胆量询问他的根本依据到底是什么。”[15]

德费耶一直是哈伯特理论忠实的追随者，后来成为地质工程学领域的著名教授，在精英汇聚的普林斯顿大学授课。他的这番话发人深省。在如此重大的地球物理学问题上，德费耶显然缺乏学术勇气。而哈伯特却在关键问题上，对最亲密的同事都讳莫如深。或许他知道自己根本无法阐释，假的终归是假的。

值得注意的是，哈伯特在去世前不久的一次深度访谈中承认，在1956年发表石油峰值论之前，他先把论文送给荷兰皇家壳牌的董事长过目。哈伯特还说道："壳牌老板就扔下一句话，一定要和威克斯高估石油储量的观点分庭抗礼。”[16]

威克斯是美国当时最权威的石油储量专家，他预估美国的石油储量有4000亿桶，而且不断调高预期，这让石油巨头们颇为头痛。如果储量充足，那么维持高油价就没有理由，何况下一步它们还想把油价继续拉高。

显然，哈伯特对壳牌老板的话心领神会。于是，他提出美国的石油储量只有2000亿桶，而且预测1970年是石油峰值的分水岭。

1956年，还是在那篇文章中，哈伯特预测全球石油的终极储量为1.25万亿桶。根据2008年英国石油公司《世界能源统计年鉴》的数据，全球原油储量仍有1.8万亿至2.2万亿桶。从一百多年前开启石油时代算起，目前全球已消耗了1万亿桶，如果按哈伯特1956年1.25万亿桶的“科学”预测，英国石油公司如此之高的储量预期从何而来？[17]

哈伯特的预测就真有那么“科学”吗？实际情况显然与此大相径庭。

但对此事的幕后推手而言，这种谬误算不了什么，哈伯特不过是石油巨头和当权显贵们手中的一颗棋子而已。毕竟没人会追究细节，到头来大家只记得标题：《石油储量有限》《美国石油将在1970年达到峰值》和《世界石油即将衰竭》。

如此这般，就没有人会质疑高油价，石油巨头们就可以大张旗鼓地为抬高油价造势，并标榜这是促进经济向低油耗转型。

马尔萨斯能源论

在20世纪30年代美国大萧条时期，哈伯特以马尔萨斯理论为依据，主张改变经济社会的运行方式，把决定生活标准的因素从货币改为能源。在他所描绘的未来世界，油气资源将迅速衰减，美国民众的生活水平会随之大幅下降，全世界谁也摆脱不了干系。[18]

上述以能源为核心的经济模式是1938年提出的，那时哈伯特是一个被称作“技术统治联盟”（Technocracy Incorporated）的成员。这个带有个人崇拜色彩的组织声称，应当由科学家和工程师来治理社会，理由

哈伯特（左）曾是名为“技术统治联盟”的准法西斯组织的一个头目，中间为联盟创始人霍华德·斯科特

是技术专家比普通官员更了解哪些做法对社会真正有益。该联盟的成员在20世纪30年代一度穿着灰色衬衫，在西服翻领上佩戴徽章，见到联盟创始人霍华德·斯科特时必须行礼。对此，媒体批评声不绝于耳。这不禁让人想起墨索里尼独裁统治时期的个人崇拜。[19]

1933年，希特勒上台。同年，“技术统治联盟”成立并在成立宣言中宣称：“技术治国不以权宜之计为宗旨。要想解决世界上的所有问题，靠‘新措施’远远不够，必须在实行社会控制的基础上提出‘新规则’。”[20]

实际上，哈伯特推崇的技术治国，就是由技术精英自上而下控制社会。但是，这些技术精英的治国理念是否符合社会大多数人的利益，却无人知晓。但有一点是清楚的，哈伯特对霍华德·斯科特和“技术统治联盟”从来都是言听计从。

后来，哈伯特又提出不少能源治国的新主张，认为太阳能虽然效率不高，但可以用来替代石油，这与奥巴马为应对全球变暖所倡导的政府定额的碳交易模式大同小异。技术治国的核心理念是“建立在能源基础上的价值观”。哈伯特等人认为，既然能源可以作为衡量制造业和服务业产值的标尺，那么货币体系的基础就只能是能源。哈伯特指出：“个体生存必须与相应消费所需的能源挂钩。应该发放能源配额，以此分配公众的购买力权限。能源配额代表了一个人的身份，而且不能更改。”[21]

事实上，如果建立以能源为核心的经济体系，那么随着作为世界主要能源的石油不断减少，民众所获得的能源配额也会随之减少，生活水平也会逐渐下降。在随后的几十年间，洛克菲勒家族，还有依附于它的各种各样的机构，像罗马俱乐部、世界野生动物基金会等，还在反反复复提出这个主张。

从第二次世界大战爆发到1943年，哈伯特任职于联邦政府的经济战争委员会。此后，这个为石油巨头摇旗呐喊的狂热分子到壳牌任地质师，在那里活生生地看到了石油是如何成为经济战争的武器的。但这个无形的武器首先对准的不是外敌，而是美国人民。

哈伯特的所作所为自然博得了石油巨头们的欢心。他在1957年当选美国人文与科学学院院士，1959年获美国地质学会授予的荣誉奖章，1962年成为该学会主席。这为他的石油峰值论平添了所需的光环和荣耀。[22]

操纵美国“国家安全”

从1970年开始，美国本土石油产量有所下降，从1970年日产1130万桶的高峰降到1974年的1050万桶，但原因却不是哈伯特的石油峰值预言应验了。问题源于中东廉价石油的大量涌入，这由同期进口石油的份额从23%飙升至36%这一事实可见一斑。由于无力与标准石油及其他国际大公司竞争，数百家小石油企业被迫倒闭。[23]

凭借哈伯特所谓的“科学论断”，石油巨头们不断向国会施加压力，为沙特、科威特等中东石油获得优惠关税大开方便之门。1953年，中情局在伊朗策划政变，扶持洛克菲勒的朋友巴列维上台。自此，石油大亨们又多了一张控制国际能源市场的王牌。[24]

既然石油呈枯竭之势，石油大亨们的论断也就看上去言之凿凿。他们不但要从中东进口石油，国外公司还应享受优惠关税和比本国公司更好的待遇。哈伯特的论断就是他们最好的依据。

石油巨头们不断游说政府，称中东石油是美国“国家安全”的重中之重。美国国务院和国防部在20世纪50年代联合发表的一份文件中指出：“美英石油公司……为自由世界提供最重要的商品，发挥了举足轻重的作用。维护并确保这个链条不受影响，对美国和自由世界至关重要，必须成为美国政府的主要政策目标。”[25]

石油“七姊妹”

鲜为人知的是，美英石油巨头在战后所享有的优惠条件他人均难以企及。它们可以随意控制世界石油市场，并故意围绕石油埋下祸根，由此引发了数不清的战争和冲突。美国参议院小企业小型特别委员会在1952年发表了一份报告，名为《国际石油卡特尔》。报告指出，七家大公司控制着苏联以外88%的石油产量，它们是盎格鲁－波斯石油（英国石油公司）、荷兰皇家壳牌石油、新泽西标准石油（埃克森）、纽约标准石油（美孚）、海湾石油、德士古和加州标准石油（雪佛龙）。[26]

这些公司被称作石油“七姊妹”，它们控制着世界大部分石油产区和所有的炼油厂，共用输油管道和油轮，瓜分世界市场，垄断石油价格。

1952年，艾森豪威尔当选美国总统。他是第二次世界大战期间欧洲战场盟军总司令，战后担任哥伦比亚大学校长，与洛克菲勒家族关系密切。他的国务卿是约翰·杜勒斯，此人曾是洛克菲勒基金会的代理律师，后来升任董事会主席。

他俩当权后，政府便把外交政策一门心思放在所谓的“反苏”上，对洛克菲勒石油卡特尔的垄断置若罔闻。整个20世纪50年代，美英石油公司可谓大张旗鼓。

为了扩大对石油的控制，担任国务卿和中情局局长的杜勒斯兄弟开始行动，他们劝说艾森豪威尔签署命令，推翻伊朗首相摩萨台。摩萨台是一位民族主义者，深受民众爱戴，与盎格鲁－波斯石油公司势不两立。当时，盎格鲁－波斯石油公司多次拒绝摩萨台政府的合作

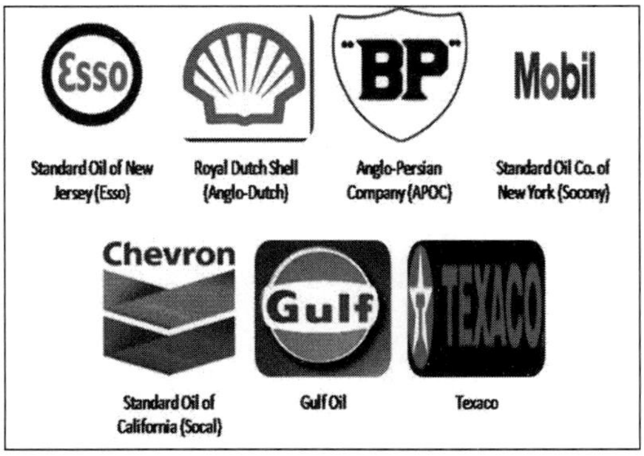

石油“七姊妹”控制了当时的石油工业和市场，并成为规则的制定者

建议，于是伊朗议会决定将其收归国有。这原本合理合法，却被中情局以同情苏联为由在西方媒体上大肆炒作。

由于拥有公司51%的股权，英国政府曾考虑过发动战争占领该油田，但没有采取行动。1952年，美国政府经过秘密策划推翻了摩萨台，将被废黜的国王巴列维扶持为代理人。政变由中情局近东与非洲地区情报负责人克米特·罗斯福具体负责，不但得到英国军情六处的帮助，而且还得到了大量的资助。

虽说英国是密友，但这个忙可不是白帮的，华盛顿替洛克菲勒石油帝国要价不菲。1908年以来，伊朗石油一直由英国独霸，但此后不得不与洛克菲勒平分天下。政变后，盎格鲁－波斯石油公司更名为英国石油公司，只占伊朗油田40%的股份，与洛克菲勒有关的石油“七姊妹”中的五个分别获得8%的股份，壳牌获得14%，法国石油公司（CFP）获得6%。中情局此举对其他产油国也起到了敲山震虎的作用，要想摆脱华盛顿或石油巨头的控制比登天还难。

涉及重要商品和原材料时，美国国家安全的重点以往都放在国内，但艾森豪威尔却背道而驰，把中东石油作为国家安全的重点。这无疑是美国地缘政治的转型，也是连续不断的石油战争的开端，美国挑唆的两伊战争以及其后亲自操刀的伊拉克战争，都是例证。

当时中东石油生产成本世界最低，但白宫和国会在20世纪50年代初都认为，“国家安全”的重点应该是保护国内石油生产商，减少对动荡的中东地区的依赖。[27]对于美国石油储量是否开始衰减，却没有进行认真讨论。当然，事实真相谁都知道。

但是，在冷战的巅峰，没人敢对国家安全政策指手画脚。对石油“七姊妹”来说，控制中东石油既然是一本万利的生意，就有必要左右“美国国家安全”的定义。

这些石油巨头在沙特的开采成本每桶不到20美分，运到欧美炼油厂加工后却卖3美元多，再加上华盛顿给予中东石油的优惠关税，中间就是12倍的利润。唯一可以与之相比的就是“金三角”地区的毒品贩卖，但运输费用花的还是美国纳税人的钱，当然这没人知道，因为这项支出打的旗号是资助越战期间中情局名下的美国航空公司。[28]

凭借石油巨头在华盛顿的游说，加上大通曼哈顿和花旗领衔的华尔街的支持，中东廉价石油大量涌入，美国本土的中小石油企业纷纷倒闭。

从 20 世纪 50 年代末开始，美国石油供给从立足国内转为依赖进口，进入 60 年代更是愈演愈烈。与此同时，美国在中东的驻军也不断增加。与 50 年代初的审慎政策相比，洛克菲勒帝国在政府内部强大的势力把持着政策的制定，把控制中东油田定义为所谓的“国家安全”，这一改变意义深远。

20 世纪 70 年代初，中东石油对美国经济和西方世界的战略重要性达到顶峰。与此同时，哈伯特对美国国内石油在 1970 年达到峰值的预测也正式出炉。二者配合得天衣无缝。

此时，美国和西欧对中东石油的依赖前所未有，操纵世界石油市场的大舞台已经搭好。美英两国的石油大亨和银行巨头，再加上美国和西欧的政府要员，他们聚集在瑞典斯德哥尔摩远郊一个鲜为人知的地方，秘密筹划世界范围的石油危机。

他们准备将油价故意抬高 4 倍，这是把石油作为武器最大胆的一次尝试，可谓“无声战争的无声武器”。哈伯特即将见证其理论的巅峰时刻。

第三章

始料未及：

第一次石油危机

A Dramatic Shock

20世纪70年代初，美国出口下降，被卷入国际贸易收支失衡的旋涡，外国央行纷纷要求美联储用黄金支付贸易顺差。美国不得不宣布废除《布雷顿森林协定》，使美元、日元、马克、法郎等主要货币之间变成浮动汇率。为改变美元大幅贬值的状况，美国当权派通过1973年彼尔德伯格聚会密谋“石油危机”，目的是使欧佩克石油出口价格增长4倍。直接的方法是引发全球石油禁运，大幅拉升石油价格，从而大幅提升作为石油标价货币的美元需求。为达到石油禁运的目的，华盛顿精心策划了埃及和叙利亚同以色列的“赎罪日战争”。像预想的那样，随后的几个月内，石油价格上涨了4倍，并顺利实现“石油美元回流”，成功地把美元从金本位改造为石油本位，使原本颓势的美元扶摇直上。

美国经济江河日下

美国在20世纪50年代是世界当之无愧的头号工业大国，然而到了1971年8月，经济却已经黯然失色。出于第二次世界大战需要，美国在40年代就实现了工业现代化，但此后却江河日下。西欧和日本则在60年代以最先进的标准重建工业，效率远超美国企业，造成美国出口不断下降。越战的失利更是雪上加霜，让美国卷入国际贸易收支失衡的旋涡，外国央行纷纷要求美联储用黄金支付它们的贸易顺差。

依照1944年布雷顿森林体系，美国有义务用黄金储备支付其他签约国央行的美元顺差，美国法律也对此作出了郑重承诺。[1]

制定国际货币基金组织的条款时，美国经济正如日中天，战后的欧亚却是废墟一片。到1945年，世界货币性黄金的70%以上都存在美联储。[2]

在布雷顿森林会议上，美国提议各国货币与美元挂钩，与会国家为了获得美元信用和先进设备来重建经济，不得不忍气吞声。

这样一来，世界货币体系就变成以美元为核心的金本位，35美元等于1盎司（约为31.1克）黄金。从第二次世界大战结束到20世纪60年代初期，美元实际上等同于黄金，这与英镑在1815年滑铁卢战役到第一次世界大战之间的角色大致相同。

到1971年夏，美国陷入第二次世界大战后最严重的危机，在经济和货币领域风光不再。西德、法国以及诸多国家的央行纷纷发难，要求美国用黄金支付贸易顺差。随着对美元通胀的愈发担心，越来越多的国家加入了这一行列，美联储的黄金储备从250亿美元陡然降至1971年初的120亿美元。

20世纪整个60年代和70年代初，美元大幅外流。主要原因有两个：一是美国对外军费开支增加，尤其是在越战泥潭中越陷越深；二是美国公司对欧洲和其他外国公司的股权收购。按美国官方数据统计，1960年至1964年，驻外美军年均开支为30亿美元，而1965年至1970年，这一数字升至每年40亿美元。1946年至1970年间，美国的对外投资让人瞠目结舌，总额超过1600亿美元，[3]大部分都投到欧洲和日本等美国的主要贸易伙伴国。

1971年8月，黄金挤兑危机愈演愈烈，尼克松总统焦急万分，幕僚们纷纷建议采取紧急措施，保罗·沃尔克更是一马当先。他于1969年进入政府，任财政部负责国际货币事务的副部长，此前他曾任大通曼哈顿银行副总裁。沃尔克等人信心十足地告诉总统，摆脱困境的唯一出路就是向世界宣布废除《布雷顿森林协定》。尼克松在8月15日果然公布了这一决定。

从此，美元和日元、马克、法郎等主要货币之间变成浮动汇率。当时，美国工业严重衰退，难以支撑美元，而美元与黄金之间又不能兑换，所以，市场上出现了抛售美元的狂潮。美元在1971年底开始大幅贬值，到1973年初，美元对德国马克贬值已达40%。华尔街的特权乃至“美国世纪”的美梦面临战后前所未有的威胁。

然而，在随后的几个月内，美元地位却实现惊天逆转。

密谋石油危机

第二次世界大战后美国的强权建立在两个不可或缺的支柱之上。

第一，独霸世界的军事垄断。1945年8月，杜鲁门总统下令在广岛和长崎投放原子弹时，这一点就已确定无疑。

第二，美元作为世界储备货币的地位。美国当权派喜欢称为“美国世纪”。[4]控制了世界储备货币就等同于控制了世界金融市场和经济，这将赋予华尔街和纽约的大银行无与伦比的优势。一个世纪前，英镑就拥有这样的魔力。

20世纪60年代末，美军在越南面临惨败，美元的统治地位也受到挑战，要想挽救这个腐朽的帝国，只有采取非同寻常的措施。

幕后推手聚首瑞典

1973年5月，在美元急剧贬值的一片哀号声中，84位世界金融和政界的实权人物聚集在瑞典的萨尔特霍巴登，这个小岛是瑞典银行业瓦伦贝里家族的秘密度假地。聚会由荷兰亲王伯恩哈德的彼尔德伯格俱乐部发起，美国人沃尔特·利维在会上提出了一个让欧佩克（OPEC）石油收益增长4倍的方案。这些人举行萨尔特霍巴登密谈，不是为了阻止迫在眉睫的石油危机，而是为了筹划如何操纵随之产生的巨额石油美元资金。美国国务卿基辛格后来称此举为“石油美元回流”。[5]

在讨论对欧日的能源政策时，利维代表美国发言。他在第二次世界大战期间是德国难民，曾为美国战略情报局（中央情报局的前身）做事。他提供了德国所有炼油厂的具体位置，使得盟军的空袭卓有成效。后来，他被聘为美国参谋长联席会议的石油顾问。1948年至1949年，他服务于马歇尔计划，担任经济合作署石油问题的负责人，帮助标准石油霸占了需求旺盛的西欧石油市场。简而言之，利维是石油巨头不折不扣的代言人，也是通晓内情的幕后黑手。

他在发言中指出，世界石油未来主要由少数中东国家供应，并大胆预言：“石油进口成本将大幅提高，对石油消费国的贸易平衡构成巨大挑战。沙特和阿联酋等国前所未闻的外汇盈余还会引发严重后果。”[6]

作为国际石油巨头的顾问，他还补充道："无论涉及石油生产、出口还是进口，国际石油巨头与国家石油公司在政治、策略和大国博弈等领域的关系将发生翻天覆地的变化。"[7]

他随后预测，欧佩克的中东原油收益将增长4倍以上，这个幅度和基辛格即将要求伊朗国王巴列维所做的一模一样。

参加萨尔特霍巴登会议的有：大通曼哈顿的戴维·洛克菲勒；大西洋里奇菲尔德石油的罗伯特·安德森，该公司附属于洛克菲勒标准石油；洛克菲勒名下埃克森石油的副董事长科拉多；英国外交部门的负责人、英国石油公司董事长格林希尔爵士；荷兰皇家壳牌董事长格里特·瓦格纳；欧洲债券创始人、沃伯格集团的埃里克·罗尔爵士；华尔街雷曼兄弟的乔治·鲍尔；次年担任洛克菲勒三边委员会主席、1977年出任卡特总统国家安全事务顾问的布热津斯基；洛克菲勒家族的密友、意大利菲亚特公司的詹尼·阿涅利；三边委员会的创始人之一、德国工商总会主席奥托·沃尔夫·冯·阿梅龙根等。

基辛格是彼尔德伯格俱乐部的座上宾，准备本次会议日程的罗伯特·墨菲把他列为美国政府的代表。瑞典工业和银行巨头马库斯·瓦伦

瑞典银行业瓦伦贝里家族的度假胜地萨尔特霍巴登，因1973年5月举行的萨尔特霍巴登会议而闻名

贝里是俱乐部召集人，被该国媒体称为“瑞典的洛克菲勒”。伯恩哈德亲王是俱乐部的名誉主席，但在1976年被迫辞职，原因是他接受美国洛克希德公司100万美元贿赂一事东窗事发。[8]

参加瑞典会议的还有法国石油公司的老板利亚克，以及罗斯柴尔德父子（伦敦）银行的董事长埃德蒙·罗斯柴尔德男爵。

聚会极其隐秘，以至于媒体毫不知情。会议的主题是围绕油价暴涨展开的，幕后主使是洛克菲勒及其密友，出谋划策的则是他们在华盛顿的代言人基辛格。

在1973年5月的那次会议上，一切均已安排妥当，石油危机一触即发。

荷兰酒店的神秘聚会和大西洋主义

彼尔德伯格俱乐部每年聚会一次，极其保密，最早在1954年5月由洛克菲勒等人发起，包括乔治·鲍尔、戴维·洛克菲勒、约瑟夫·雷廷杰博士、伯恩哈德亲王以及美国国务院幕僚乔治·麦吉（此人后来成为美孚石油的高级执行官）。

会址最初选在荷兰阿纳姆附近的彼尔德伯格酒店，聚会因此而得名。与会者均为欧美顶尖精英，他们对美国提出的讨论蓝本进行秘密协商，然后分别利用媒体对相关共识大肆渲染。然而，为了避免引火烧身，他们都非常小心谨慎，对彼尔德伯格的聚会只字不提。

彼尔德伯格聚会是制定战后美英政策最有效的手段之一。它存在的目的非常简单，就是让欧洲精英配合美国不断变化的地缘政策，即便这会损害欧洲国家的利益。受邀名单每年都有所变化，而且经过再三考虑。彼尔德伯格聚会绝非“老友会”，而是“大西洋主义”*，也就是美国精英

* 大西洋主义（Atlanticism）的核心是西欧各国和美国在政治、经济、军事等议题上的相互合作。宗旨是维护相关国家的安全，以及保卫“民主、自由、法治”的价值观。其名称来自横跨西欧与北美的大西洋。——译者注

BILDERBERG FILE

The West's Secret Power Group

In these pages VERDICT tells
the freedom-loving cit
Bilderberg is a gather
wealthy men in the West. Eve
secrecy, covertly influencing the e
uncover the workings of Bilderberg
In this world exclusive, VERDICT reve

1973 年，媒体对彼尔德伯格聚会的相关报道

政治的具体体现。

1973 年的会议决定制造一次大规模的经济危机，让权力的天平重新向美元倾斜，以便大通曼哈顿、花旗，以及和它们有千丝万缕联系的石油大公司从中获利。

然而，美元已经失去了黄金的支撑。为实现上述目标，彼尔德伯格的精英们决定对世界经济发动一场史无前例的攻击，并且动用他们最具威力的武器——对世界石油流通的控制。

彼尔德伯格聚会制定的策略，其实说洛克菲勒制定的策略更准确些，其目的是引发全球石油禁运，以此大幅拉升石油价格。1945 年以来，由于美国石油公司主导了战后市场，美元作为石油标价货币早已成为国际惯例。如果世界油价急剧上涨，那就意味着购买石油的美元需求也会同样大幅攀升。

除了美英利益集团之外，历史上从未有哪个团体对世界经济的走势有如此强大的控制力。它们把石油作为武器，而且对自己的最终获益了如指掌。这一做法远非常人可以想象，可谓骇人听闻。

基辛格机关算尽

1973年10月6日，埃及和叙利亚进攻以色列，“赎罪日战争”爆发。与公众的印象相反，“赎罪日战争”不是误判或头脑发热，也不是阿拉伯国家决定进攻以色列。这场“十月战争”的前前后后都由华盛顿和伦敦精心安排，借助基辛格控制的秘密外交渠道加以实现。

基辛格与以色列驻美大使西姆哈·迪尼茨交往甚密，有效地控制着以色列的政策反应。此外，他还建立了与埃及和叙利亚的沟通渠道。基辛格的策略很简单，就是在关键问题上向双方传递错误信息，确保战争爆发并由此引发阿拉伯国家的石油禁运。

美国情报机构的相关评估，包括截获的阿拉伯官员交换备战的信息，无一不被尼克松的情报“沙皇”基辛格束之高阁。其实，早在半年前的萨尔特霍巴登会议上，这场战争大戏就已完成了剧本，剩下的事情就是在华盛顿编排导演。所以，战争的爆发、基辛格声名狼藉的“穿梭外交”，以及战争所产生的后果，只不过是先后粉墨登场而已。战争引发了全世界的愤怒，阿拉伯产油国成了替罪羊，而美英利益集团这个真正的幕后黑手却在一旁冷眼旁观。[9]

欧佩克迅速在维也纳开会讨论油价问题，之后便在1973年10月16日宣布油价从每桶3.01美元升至5.11美元，涨幅高达70%。[10]

同一天，欧佩克阿拉伯成员国历数美国在中东战争中支持以色列的种种罪状，宣布停止对美国和荷兰出口石油，而荷兰的鹿特丹是西欧进口石油的主要港口。1973年10月17日，沙特、科威特、伊拉克、利比亚、阿联酋、卡塔尔和阿尔及利亚宣布，它们10月份的石油产量将比9月份调低5%，此后每月减少5%，“直到以色列从他们自1967年6月起占领的阿拉伯领土上完全撤离，并恢复巴勒斯坦人民的合法权利”。世界

上第一次“石油危机”，或者像日本人所说的“オイルショック”（石油冲击），已经一发而不可收。

应巴列维国王的要求，欧佩克在1973年12月召开了第二次部长级会议，把每桶石油的价格提至11.65美元，这一价格是之前的4倍。仅仅3个月，石油价格对世界经济的冲击令人瞠目结舌，但是纽约大银行和美英石油巨头却借此狠狠赚了一笔。

2000年9月，在与笔者的一次私人谈话中，沙特前石油大臣、曾任欧佩克秘书长的扎基·亚马尼王子透露，沙特国王于1973年10月专门派他去德黑兰拜会巴列维，询问对方为什么非在欧佩克12月的会议上要求油价涨至每桶11.65美元，因为西方经济严重下滑对欧佩克并无好处。巴列维的回答出人意料：“回去告诉你们国王，如果他想知道答案，应该去华盛顿问亨利·基辛格。”[11]

巴列维与洛克菲勒、基辛格等美国朋友的关系非同寻常，用根深蒂固来形容毫不夸张。1962年，也就是美国中情局推翻摩萨台9年后，巴列维对这帮朋友仍然念念不忘。根据其家族名下的巴列维基金会的记录，巴列维国王当年给了中情局前局长、洛克菲勒的密友艾伦·杜勒斯100万美元，给戴维·洛克菲勒200万美元，给政变一线的美国驻伊朗大使洛伊·亨德森200万美元。就连《时代》周刊、《生活》周刊的创办人亨利·卢斯这个为他摇旗呐喊的商人也拿到50万美元。巴列维在1973年送给基辛格的礼物是极为珍贵的波斯地毯和上好的野生鱼子酱。[12]

1972年，基辛格陪同尼克松总统访问伊朗。在他的推动下，巴列维获准购买除核武器之外美国的任何武器，这个待遇连沙特国王也望尘莫及。[13]巴列维和基辛格的后台老板戴维·洛克菲勒，以及大通曼哈顿银行都过从甚密。巴列维国王曾下令把政府的主要财政盈余都存进大通，1974年石油危机刚刚爆发，又下令把当月收入的10亿美元存入其账户。基辛格从政府离任后，更是马不停蹄地被招进大通的国际顾问委员会。[14]

西德——那是对手，不是朋友

1973年10月中旬，西德勃兰特政府照会美国驻德大使，声明西德在中东战争中的中立立场，不允许美国利用驻德基地为以色列提供补给。

尼克松当月30日复函勃兰特，执笔人据称是基辛格，言辞颇为犀利：

> 与美相比，欧洲命系中东石油。此次战争事关重大，倘若不能与美齐心协力，对西德毫无裨益……所言危机事出盟约之外，援以之举非盟国之责。决然不可随心所欲！[15]

华盛顿不允许西德保持中立，相反，英国却可以退避三舍，以此免受阿拉伯石油禁运的冲击。原因很简单，英国是幕后玩家，西德则不然。伦敦这次之所以能在危机中纵横捭阖，是因为它原本就是始作俑者。其实这场阴谋原本就是针对德、日及其他经济合作与发展组织国家的，因为到了20世纪70年代初期，华尔街财团和美国政府发现对这些经济体越发难以掌控。

关于是否要对欧佩克作出"共同"反应，欧洲当时争论正酣。为避免德、法等主要石油进口国单独与中东国家建立石油贸易协定，基辛格又着手进一步干预。

基辛格建议，西欧国家和美国一道在经济合作与发展组织名下建立国际能源署（IEA）。此举名义上是加强与欧洲的合作，实际上是把石油政策牢牢控制在美国手中。

魔鬼就藏在细节里！

为应对能源供应的紧急事态，基辛格为国际能源署制定了章程，毫无疑问对美国格外有利，对西欧国家则不尽然。美国建立国际能源署，就是借此把欧洲能源需求的主动权死死控制在自己手中，以免欧洲单方面与石油出口国建立贸易联系，从而影响华盛顿和石油"七姊妹"的石油武器发挥威力。[16]

行动天衣无缝

1973年至1974年，石油价格在人为操纵下上涨了4倍。为了让这场危机天衣无缝，纽约的洛克菲勒帝国、伦敦的罗斯柴尔德家族，以及他们手下的壳牌、英国石油公司等石油巨头可谓步步为营。经过15年的努力，在1973年欧佩克发起石油禁运之前，他们已把美国从中东的石油进口额提高到34%。[17]

欧佩克，也就是石油输出国组织，是1960年由伊朗、伊拉克、科威特、沙特、委内瑞拉五国创立的。到1971年，世界原油价格的控制权已明显从得克萨斯、俄克拉何马和路易斯安那的大油田转移到欧佩克，因为后者主导着世界石油供应。[18]但这只是表面现象，其实核心权力从未离开美英石油巨头半步。

一方面，欧佩克作为石油生产国卡特尔，必然依靠消费者，而世界最大的石油消费国是美国、西欧国家和日本。另一方面，在控制石油运

欧佩克的宗旨是协调统一成员国的石油政策，维护各自的和共同的利益。图为位于维也纳的欧佩克总部

输、精炼及市场等方面，欧佩克需要仰仗美国，其自身安全也需要美国提供的军事保护。但是，从成立到受华盛顿挑唆发起石油禁运的13年间，欧佩克从未像现在这样对美英石油公司构成根本性的挑战。[19]

基辛格的穿梭外交促使沙特国王下定决心禁运石油，美国和西欧因此颇受损失。接着，基辛格就让美国媒体大做文章，把沙特石油大臣亚马尼妖魔化，并指责“贪婪的石油生产国”制造了大萧条以来前所未有的经济困境。欧佩克石油禁运在美国民众中引发了汽油抢购狂潮，提议发放配额的呼吁不绝于耳，美国经济也开始迅速衰退。欧佩克背上了“敌人”的黑锅，纽约和伦敦的大银行却忙于吸纳欧佩克的美元盈余，在幕后乐此不疲。基辛格和萨尔特霍巴登会议对此早有预见，美其名曰“石油美元回流”，并把具体操作交给与美英石油巨头利益休戚相关的大银行。

1974年7月，在石油危机发生9个月后，彼尔德伯格俱乐部成员沃尔特·利维，也就是在萨尔特霍巴登会议上策划此次危机的人，在《外交》杂志上发表了一篇重要文章。《外交》杂志由纽约外交关系协会主办，对政府影响颇深，当时该委员会的主席正是戴维·洛克菲勒。利维在文中把矛头指向欧佩克这个新“敌人”，声称“石油生产国实际上已完全控制了各自的石油工业”。但不久他又出尔反尔，先是对欧佩克构成“迫在眉睫的危险”发出警告，接着又主张“石油进口国应当忍痛对石油消费进行控制”。[20]

值得注意的是，利维还鼓吹“多元能源路线”，据说也是洛克菲勒的主张，即为了减少对进口石油的依赖，应当“制定政策减少消费，促进替代能源的开发”。[21]他的真实目的不久便昭然若揭，其实这是筹划已久的人口控制阴谋的一部分，只是打着能源危机不可逆转的幌子而已，利维就是这场世纪骗局的急先锋。

早在一年多前，美英石油巨头就已开始密谋此次危机，并减少了自己的石油库存，以便为欧佩克的禁运推波助澜。从1972年开始，埃克森和其他美英公司就故意限制对美欧市场的石油供给。[22]为了给次年的危机渲染气氛，当权派强大的喉舌《纽约时报》在1972年4月发表了名为《能源危机即将到来》的社论，号召政府采取措施，“阻止愚蠢的能源消费行为……对燃料和电力采取配给制”。[23]当时，绝大多数美国人对此却不以为然。

石油危机不但让油价上涨了4倍，还产生了巨大的附带效应。英国石油公司、里奇菲尔德、壳牌等美英大公司斥资数十亿美元开发的北海油田从此变得有利可图。当然，只有在基辛格成功发动石油危机以后，前景不明的北海油田才有获利的可能。美国也有类似的情况，在里奇菲尔德和英国石油公司共同参与下，洛克菲勒旗下的埃克森在北极圈的普拉德霍湾发现了当时全美最大的油田。1974年，据阿拉斯加州地质地球物理调查局的评估报告，该油田保守说也有100亿桶石油，储量超过当时具有传奇色彩的东得克萨斯油田。[24]后来，该估值又被提高到250亿桶。[25]

报告进一步指出，阿拉斯加尚有大量未探明的油田。“在北极国家野生动物保护区可能有140亿桶储量。阿拉斯加湾的地质结构和白令海的沉积地相都表明，在该地区发现更多巨型油田的可能性很大”[26]。

与北海油田一样，要开发遥远的普拉德霍湾，需要对基础设施和输油管道进行巨额投资，才能把石油运到加利福尼亚等地。1974年，欧佩克四倍的涨价等于打开了财富之门，把这些巨型油田变成了名副其实的金矿，而这些黑金的主人就是当时众所周知的石油“七姊妹”。[27]

基辛格大权独揽

石油危机达到顶峰的时间是1973年末，这一点很重要。那时，尼克松正深陷“水门事件”，基辛格自然就成为事实上的总统，大权独揽“能源危机”中的美国政策。他还利用国家安全事务助理的巨大权力，牢牢控制了整个美国情报系统。

基辛格是彼尔德伯格俱乐部的座上宾，他多次利用“穿梭外交”帮助洛克菲勒集团控制世界石油格局

尼克松因“水门事件”无暇顾及其他事务，基辛格乘机说服总统提名他为国务卿。借此妙招，基辛格或者确切地说是洛克菲勒集团完全把持了美国的对外政策，这一切刚好在“赎罪日战争”之前完成。有些华盛顿内部人士甚至认定，基辛格在“水门事件”中扮演了重要角色，为的就是扩大自己的权力。

基辛格拥有两个头衔：总统国家安全事务助理和国务卿，可以说是空前绝后，其重要性不言而喻。在尼克松任期的最后几个月，没有任何人像基辛格那样拥有无上的权力，所以他获得 1973 年诺贝尔和平奖纯属意料之中。

1973 年 2 月，尼克松建立了一个特殊的“能源三人领导小组”，即白宫特别能源委员会，包括财政部部长舒尔茨、白宫幕僚约翰·埃利希曼和国家安全事务助理基辛格。基辛格总是处心积虑地确保自己处于尼克松能源政策的核心班子。尽管华盛顿和世界各地无人觉察，但一切正在按部就班地依照彼尔德伯格的计划布局。到 1973 年初，美国原油库存已经处于警戒线以下了。[28]

舒尔茨在财政部的副手是威廉·西蒙，此人曾是华尔街券商，后被舒尔茨委以重任，担任石油政策委员会主席。他在 20 世纪 90 年代一直资助新保守主义的智库。1974 年夏，西蒙与沙特石油大臣亚马尼会面，沙特方面强烈提议欧佩克大幅增产以抑制价格上涨。基辛格却指示国务院不予理会，巴列维也拒绝了两人的计划。按照基辛格和巴列维的意愿，油价仍旧维持在高位。时任美国驻沙特大使詹姆斯·艾金斯口无遮拦，他说亚马尼深信美国或者至少是基辛格“根本没想把油价降下来”。此后不久，艾金斯就被基辛格扫地出门了。[29]

1974 年初，尼克松把一位白宫高级官员派到财政部，想要研究如何让欧佩克降低油价。但这位官员吃了闭门羹，他在备忘录中写道：“不愿让石油降价的是银行界的大亨，他们极力主张利用高油价带来的‘石油美元回流’牟利。这个决定极为错误……”[30]

石油价格上涨为纽约的银行业换来了真金白银，尤其是戴维·洛克菲勒的大通曼哈顿银行。巴列维国王把伊朗国家石油公司的收入全部存在那里，按 1974 年欧佩克油价上涨后的价格，每年约为 140 亿美元。[31]

确保欧佩克“石油美元回流”的顺利实施，少不了另外一个关键人物，那就是当时的财政部部长助理杰克·贝内特。起初，他在埃克森任职，后于 1971 年被基辛格安插到财政部。在那儿他还有一个搭档保罗·沃尔克，也是洛克菲勒的部下。他俩共同建议尼克松总统撕毁《布雷顿森林协议》，让美元与黄金脱钩并改为浮动汇率。

1971 年的这个决定只是 1973 年石油危机的序曲。实际上，关闭美元窗口正是为了在 1974 年把美元从黄金本位改造成石油本位。这一举动影响深远，让原本颓势的美元扶摇直上。

1975 年，贝内特被派往利雅得与沙特货币局（SAMA）签订一项秘密协定，其中规定，为了获取美国的军事装备，沙特货币局将把在石油危机中获得的大部分收益投资美国财政债券。这个协定确保了美元的强势地位，给华尔街券商带来了滚滚财源。事实上，尽管美国的工业已开始衰退，但欧佩克的石油收益充当了支撑美国世纪的财政支柱。

戴维·马尔福德是华尔街投资银行家，任职于怀特韦尔德公司。贝内特派他去沙特担任沙特货币局的首席“投资顾问”，指导沙特把石油美元投到正确的银行——伦敦和纽约的银行，这毫无悬念。按照萨尔特霍巴登会议的安排，“石油美元回流”计划按部就班。[32]这将是历史上前所未有的财富大转移，华尔街和洛克菲勒集团则严密掌控着其中的每个环节。

这样一来，埃克森、美孚、德士古、雪佛龙、海湾石油、英国石油公司、壳牌在上市公司中富甲一方，年利润远超不少国家的国内生产总值。欧佩克的石油美元利润都投到了美英大银行，像大通曼哈顿、花旗、汉华实业、美国银行、巴克莱、劳埃德和米德兰。然后，又从那里变成贷款，借给巴西、阿根廷等石油进口国，给 20 世纪 80 年代的第三世界债务危机埋下了伏笔。

为了确保英国政府在石油危机和“石油美元回流”中与美国步调保持一致，维克托·罗斯柴尔德勋爵被安排到首相办公室。他出身于欧洲银行世家，曾任皇家壳牌研究部主任，在 1971 年至 1974 年石油危机期间任希思首相中央政策审查办公室主任。罗斯柴尔德勋爵当时和基辛格交往频繁，[33]早在 1973 年 10 月石油禁运之前，他就告诉希思要对即将到来的欧佩克价格冲击做好准备。

哈伯特再度出山

1970 年，哈伯特作出美国石油要达到峰值的著名“预言”，而到了 1974 年，“能源危机”果然愈演愈烈。此时，他在《国家地理》杂志上又发表了一个大胆的预测，认为“如果以当前形势继续发展下去”，全球石油产量将在 1995 年达到峰值。他没有解释原因，显然也不重要。如果说 20 世纪 50 年代人们对他只是将信将疑，现在则是推崇备至。

1975 年，美国国内石油价格居高不下，美国国家科学院突然宣布，认可哈伯特关于油气枯竭的估算，以及他对美国石油峰值的预测，并承认科学院在此前乐观的估计有误。

第二次世界大战以来，洛克菲勒基金会是美国国家科学院的主要资助者，[34]对其政策提议有很大影响，并经常借该院的成果来推动于己有利的政策。截至 20 世纪 60 年代初，德特勒夫·布朗克一直兼任美国国家科学院院长和洛克菲勒医学研究学会主席。

国家科学院的推崇让哈伯特成为媒体关注的焦点。1977 年，他被授予“洛克菲勒公共服务奖”，可谓锦上添花。

洛克菲勒帝国再次启用哈伯特，目的就是让公众相信，资源将很快被耗尽，世界必须完成向“零增长”的范式转变。这是迄今为止最大胆也是影响最深远的政策建议。他们准备利用年轻人的激进和宣传的误导发动一场全球环境运动，谎称 20 世纪 70 年代的“能源危机”证明了哈伯特石油峰值理论的正确性，世界需要为控制能源使用做好准备。

洛克菲勒帝国这次没有在瑞典密谋新战略，而是选在意大利贝拉焦的一个秘密城堡，那是洛克菲勒基金会的私有财产。

第四章

阴魂不散：

马尔萨斯借石油还魂

A Malthusian Energy Strategy

美国精英策划 1973 年全球石油危机，还另有意图。他们想借此宣扬筹谋已久的石油资源稀缺性概念。借助马尔萨斯的人口理论，他们指出人类是能源消耗的罪魁祸首，为了人类的生存，应当“优生”以削减人口并让他们节衣缩食，原因是石油资源即将耗尽。为达到这一目的，洛克菲勒石油帝国支持创办了各种非政府组织和智囊团，这些非政府组织把保护地球和大自然奉为宗旨，并强调应减少人口以减少污染。其中罗马俱乐部还发表了一份影响极大的报告《增长的极限》，为能源稀缺论助势。打着人类生存、保护地球等冠冕堂皇的旗号，美国精英成功地在人们心目中制造了石油即将枯竭的假象。而这一切努力的目的，无非是强化石油的地位，顺利抬高油价，并以此为筹码在国际地缘政治舞台上呼风唤雨。

洛克菲勒换新装

1973 年 10 月 6 日，第四次中东战争（即“赎罪日战争”）爆发。接下来的 10 天内，石油危机便随之发生。这个局部危机事件，最终竟然演变为一场全球能源危机。

这场危机的始作俑者，自然非戴维·洛克菲勒和他的彼尔德伯格俱乐部莫属。他们的目标首先是要坚挺美元的地位，但背后还有一个更宏大的目标——全球石油战略。早在 20 世纪 60 年代末，当越南战争已无可挽回地走向失败时，那个全球石油战略计划就已经在暗地里策划好了。

这些幕后策划者堪称深谋远虑的大战略家，所有的智库和名牌大学的专家，无论是芝加哥大学、哈佛大学还是麻省理工学院的学者，都只配当他们的学生，没有人能与他们比肩。

“赎罪日战争”和全球石油危机的引子，源于多年前的一个能源经济设想，现在它只不过是被按部就班地付诸实施了。哈伯特早在 1938 年就提出：未来时代，绝大多数人的生活水平将直接取决于能源，其中最主要的能源就是石油。

哈伯特宣称：战后工业世界的基础是石油，石油是一种稀缺商品。在未来某一天，石油的开采量会达到一个顶峰（即“峰值”），然后就会不可避免地沿钟形曲线下滑。

哈伯特的这一理论设想给人类社会带来了巨大的影响，其规模空

戴维·洛克菲勒以经营位列世界十大银行第六位的曼哈顿银行而著名

前绝后。它甚至改变了整个社会的意识形态。人们被迫接受了这样荒唐的说法：地球正在被贪婪的人类所毁灭，因此为了创建一个被美欧“社会工程师”定义的“可持续社会”，就必须大量削减世界人口。

这些所谓的“社会工程师”，向人类发起了一场全新的战役。他们打击的目标，竟然是“人口”。他们告诉人们，人类就是这个星球遭遇的最大麻烦。某个精英竟然干脆说道：人类是一个肿瘤。[1]

在1973年的石油危机之前，戴维·洛克菲勒和他的彼尔德伯格俱乐部早已做足了准备。当冲击到来的时候，接下来的道路早就铺设好了。

他们是在“用无声的武器打一场无声的战争”。这场危机成功地向人们灌输了能源“稀缺性”概念，并形成一种足以影响世界的新的意识形态。其背后隐藏着一个别有用心的目的：把全球人口的生活标准大幅度压低。他们要用能源“稀缺性”打消人们对经济进步、生活改善的向往。于是，一个新的字眼——“治疗类选法”开始在《纽约时报》等大报社论中出现；“资源有限”论更是被大肆宣扬。

造出一个新范式

20世纪60至70年代，戴维·洛克菲勒的国际精英圈子开办了一个又一个新式机构和花样繁多的智囊团，数量多得令人眼花缭乱，其中包括罗马俱乐部、“1001：自然信托”（挂靠在世界野生动物基金会名下）、联合国“地球日”大会（驻地在斯德哥尔摩），以及一个非常重要的三边委员会（这是戴维·洛克菲勒自己掏腰包维持运作的机构）。

1973年的石油危机本来是他们刻意制造出来的事件，但在他们口中，却成了因为资源有限而必须“优生”和强制降低人们生活水平的理由。他们说道，为了“让人类生存下去”，大家必须节衣缩食。

20世纪70年代初，美国面前的世界正在改变：西欧经济重建完成，并且已经站稳脚跟；日本从战争的破坏中恢复过来，眨眼变成了工业大国；亚洲发展中国家（如韩国等）经济增长速度也很快；拉丁美洲的多数国家获得发展；被遗忘很久的非洲大陆也在进步；富藏石油的中东经济自然更具天时地利。

与之相反，美国自己的工业基础却出现了裂痕。更严重的是，美国以外的其他国家，不再一对一地只跟美国做生意，它们相互之间的贸易关系正在建立起来——眼看世界就要从美国精英的掌控之中挣脱出去，美国原本的优势地位岌岌可危。

美国必须回应这一前所未有的挑战，把世界重新握在自己手中。他们将眼光放在了下一代年轻人身上，那是经历过激进的1968年革命的一代新人，打算让他们来推行大幅度削减世界人口并让人们节衣缩食的目标，因为世界上最重要的石油资源是稀缺的，而且“快要耗尽”。

戴维·洛克菲勒喜爱优生学，大力提倡削减人口。大西洋精英圈子不遗余力地支持他的计划。一场宣传大战即将开始。为这一世界级精英战略竭诚服务的是麻省理工学院这样的一流大学的著名教授。他们推出了重大研究成果——《增长的极限》。

增长的极限

1972年初，罗马俱乐部发表了一份影响力极大的报告——《增长的极限》[2]，主笔丹尼斯·梅多斯当年仅28岁，是美国麻省理工学院的学生，指导他的教授是杰伊·福雷斯特。教授手上的研究项目是一个关于全球经济增长的计算机数量模型，20万美元的经费来自德国大众汽车基金会。

《增长的极限》于中东石油危机爆发之前十几个月问世，时机掌握得恰到好处。它的篇幅有一本书那么长，问世后引起了前所未有的强烈反响，很快就被翻译成数十种文字出版。

《增长的极限》开卷语，是这样一个可怕的警告：

> 如果世界人口、工业化、污染、粮食生产和资源消耗以目前的趋势持续下去，这颗行星上增长的极限将在今后的100年内出现。最可能的结果，将是人口和工业生产能力发生相当突然的、不可控制的衰退。我们研究所依据的5个基本要素，如人口、食品生产、不可再生的自然资源的耗费，都在加大。它们每年的增长都符合我们的数学模式，即指数级增长模式……当死亡率被食品匮乏和医疗不足的因素推高时，人口最终会减少。由于我们的模型有大量的数字加总，具有许多不确定性，因此判断哪些事件具体会在何时发生，意义并不大。最重要的是：增长会在2100年之前停滞。[3]

这个观点其实并不是“创新”，而是“炒冷饭”。它脱胎于1798年马尔萨斯发表的《人口论》。哈伯特本人就是马尔萨斯主义的信徒。他在1930年和1956年分别写过两篇讨论马尔萨斯理论的文章。现在，他不过是将马尔萨斯的理论改头换面，再用计算机模型做一次数据处理而已。马尔萨斯所说的无非就是人口呈指数型增长，而食物呈算术级增长。因此，需要饥荒和疾病所导致的人口大规模死亡来“拉闸”，遏制人口增长的趋势。把马尔萨斯的《人口论》复述一遍，就成了《增长的极限》。

马尔萨斯早已与世长辞，而他的“人口理论”更是早就被批判得体无完肤。我们来看看马尔萨斯的原话吧：

> 人口增长的能力，远远大于土地生产人类生活资料的能力，因

而在发生这种或那种情况时，人类必不能尽其天年。人类的各种罪恶，积极而有力地发挥着减少人口的作用，它是破坏大军的先锋，并且往往自动地完成这可怕的任务。如果它在消灭人口的战争中失败，在疾病流行的季节，瘟疫、传染病和黑死病就会以吓人的队形进击，杀死无数的人；如果还不能完全成功，严重而不可避免的饥饿就会从背后潜步走近，以强力的一击，把世界的人口与食物拉回平衡状态。[4]

《增长的极限》最核心的观点，就是让世界人口停止增长。人口问题是洛克菲勒的优生学精英们永远的兴趣所在。他们甚至提出这样令人匪夷所思的遐想："让人口在1975年停止增长，让工业资本在1985年停止增长，那么即使什么也不干，人口常量和资本常量也可以维持，而人均食物、工业产出和服务，都能保持在较高的水准上。"

难以想象，人口增长冻结3年、资本投资冻结13年之后世界会变成什么样。

在石油危机仍然肆虐的1974年，罗马俱乐部大言不惭地发表言论："地球患了癌症，人类就是那个肿瘤。"它还说道："世界面临着空前的问题，人口过多、食物短缺、不可再生资源耗尽、环境退化，而且政府也很糟糕。所有这些，都是环环相扣的全球性问题。"[5]

为解决这些问题，转向其所说的"有机式"发展，人类过去的一切价值观和目标，都需要彻底改造。[6]

罗马俱乐部还提出，必须把一个纵向世界体系中的国家和地区间的关系，做一次"横向"大改造。它高度强调"合作就是相互依赖"，并利用这一观点攻击国家和国家主权理念。在1990年时，老布什宣布的"世界新秩序"，就是这个罗马俱乐部模式的所谓"合作"。这些精英们想要做的，是对整个星球实行专政。他们的全球独裁模式的基础，就是"石油矿产资源即将耗尽"的理论。

罗马俱乐部发布的第二份重要报告——《处于转折点的人类》，更加强调了上面所说的那种“合作”：

> 国家和地区间不断加强的相互依赖，必须被解释为独立性的愈益削减。一个国家不放弃部分独立性就不能独立。或者说，它至少必须承认，它的独立性是有限度的。现在已经进入制定总体宏观规划的时代了，这将带来有机的、可持续的增长。从今以后，如果世界还要发展，那么发展的基础就是将一切有限的资源都放在全球范围内统一配置。那将是一个经济体系被置于全球化基础上的全新时代。[7]

什么叫“将一切有限的资源都放在全球范围内统一配置”？为什么每个国家都必须放弃独立性？罗马俱乐部在这里回避了一个最大的问题：谁来充当这个全球资源的分配者？是戴维·洛克菲勒，还是麻省理工学院的计算机高手？再或者是金·哈伯特？

罗马俱乐部一向爱说大话，对这种微不足道的细节，它从来都不屑一顾。

罗马俱乐部先制造了一个生态灾难即将到来的谣言，然后将其作为鼓吹极端变革的证据——人类的价值观和目标都必须作“剧烈的改变”。那么这个改变的结果会是什么？人类应该相信自身的生存是不合理的吗？

从罗马俱乐部“合作就是相互依赖”这张蓝图中，人们看到的是一个极权主义的所谓“世界政府”。

人类的生存不再合理

罗马俱乐部关于人类末日的各种预测都建立在复杂且“专业”、却完全无法证实的计算机模型基础之上。

罗马俱乐部那时刚成立不久，它的创建者提出一个措辞非常高雅的难题——“地球之忧”，然后委托麻省理工学院的大学生，用一个名为“世界 3”的计算机模型（由麻省理工学院开发），编程并运算五大变量——人口、食品生产、工业生产、污染以及最重要的变量——被列为不可再生资源的石油。利用计算机模型的分析结果，他们把自己心目中的世界图景描绘出来：在那个世界里，不仅人口不能增长，穷人还必须进一步降低生活标准。

麻省理工学院的那几个学生，通过运转计算机模型做了一个预测：在一个资源有限的世界里，如果人口迅速增长，会导致什么后果？然后得出结论：人类文明离末日不远了。尽管这一复杂的计算机模型准确性究竟有多少，谁也无法证实。

他们所采用的假定是哈伯特那个武断的能源经济设想和对有关资源的估计。他们现在所做的，只不过是利用神奇的计算机语言和“系统动态性”这种专业词汇为哈伯特的理论披上科学的外衣。

尽管他们的确计算了几种不同的方案，而且得到的结论也是一致的，但无论用计算机做多少次运算，却无法为一个预言增加一丝一毫的科学性。更何况，连哈伯特自己都证明不了他提出的关于世界末日和增长极限的假设，那么即使麻省理工学院的计算机模型再复杂，也证明不了他的假设是否正确。

那个麻省理工学院的计算机模型最终得出了哈伯特的结论：世界上已知的石油会在 1992 年至 2022 年之间被耗尽。那几个来自麻省理工学院的学生向全世界发出了一个让人脊背发凉的信号：人类如果想生存下去，就不能继续像现在这样生活。全世界的人都必须彻底改变自己的生活模式。

其实，地球离石油耗尽的那一天，还远着呢。

《增长的极限》发布会在华盛顿特区著名的史密森氏学会高调举行。史密森氏学会内隆重而庄严的氛围，为它创造了最佳的宣传效果。在所有的环保书籍中，最成功的莫过于这本《增长的极限》，它被翻译成 40 多种文字，售出了 3000 万册。它创造了整个 20 世纪 70 年代最流行的观点——是人类不可挽回地毁坏了地球。

《增长的极限》研究项目的指导教授杰伊·福雷斯特，在他 1971 年出版的《世界动态》中曾宣称：

食物减少、健康服务的萎缩和工业化的退缩，这些日益严重的压力，将加速人口停止增长的那一天的到来。[8]

罗马俱乐部的创建者之一、英国科学家亚历山大·金为《增长的极限》做了最好的概括。他写道：

为了团结自己，我们必须找到一个新的敌人。全球变暖、水资源短缺、饥荒等能对人类生存造成威胁，它们很适合充当敌人的角色，因为这一切危险都来自人类，所以必须改变观点和行为，才能解决这些问题。要是这样的话，真正的敌人就是人类自身了。[9]

罗马俱乐部的“开门红”，就是这个《增长的极限》。

让我们来仔细了解一下这个罗马俱乐部的底细。它实际上成立于1968年，并把洛克菲勒基金会拥有的私产塞尔贝洛尼别墅选作自己的“出生地”。1959年，那座别墅由迪安·腊斯克（当时是洛克菲勒基金会主席，后来曾出任美国国务卿）代表洛克菲勒基金会买下。那座别墅位于意大利科莫湖畔的贝拉焦，是洛克菲勒基金会的一个隐秘的会议中心。[10]

罗马俱乐部最早的发起人是菲亚特汽车公司的意大利董事会成员奥雷利奥·佩切伊，他是菲亚特汽车公司的老板，属于阿涅利家族。这个家族的基金会——阿涅利基金会，为罗马俱乐部最初的运行提供了经费。菲亚特的詹尼·阿涅利是戴维·洛克菲勒的密友，又是洛克菲勒的大通曼哈顿银行国际咨询委员会成员。阿涅利和戴维·洛克菲勒从1957年开始往来，他还是三边委员会的发起人之一。前面说过，三边委员会是洛克菲勒出钱办的一个精英俱乐部，成立于洛克菲勒发动石油危机的那一年。[11]

发起成立罗马俱乐部的那些人，都参与策划了1973年10月的石油危机。1973年5月，在瑞典萨尔特霍巴登举行的彼尔德伯格会议参会人员名单上，有麻省理工学院的教授卡罗尔·威尔逊和荷兰女王威廉明娜的前私人秘书马克斯·科恩斯塔姆，两人既是彼尔德伯格成员，也是罗马俱乐部“增长的极限”研究项目的发起人。

北大西洋公约组织也不甘落后，通过罗马俱乐部这个渠道，它也参与了传播“稀缺性”新概念的运动，而且起了关键作用。北约组织官员爱德华·培斯特尔曾供职于汉诺威的“系统分析研究所”，也是罗马俱乐部初期的核心成员。罗马俱乐部的另一位发起人亚历山大·金是经济合作与发展组织*的科学项目负责人，和北约也有瓜葛。

默不作声地蹲在幕后的是戴维·洛克菲勒、华尔街银行家和外交家埃夫里尔·哈里曼、纽约的汉华实业银行的银行家加布里埃尔·黑格、戴维·洛克菲勒的老师约翰·麦克洛伊（曾经担任洛克菲勒大通曼哈顿银行行长和德国高级专员）和著名的《华盛顿邮报》的老板凯瑟琳·迈耶·格雷厄姆。

与彼尔德伯格集团一样，罗马俱乐部的聚会都是闭门会，从来没有公布过任何会议记录。它还把国际成员数量限定在 100 人以内。[12]

这个俱乐部根本就不是单纯的、自由思考的学者之家。一开始它只是洛克菲勒基金会的一个“项目”。出于政治上的考虑，那个控制了世界石油流向和大部分金钱的家族，更喜欢小心谨慎地躲在幕后。

暗度陈仓

人口始终是约翰·洛克菲勒三世的人口委员会和基辛格的关注焦点。基辛格 1974 年起草的《国家安全研究备忘录第 200 号》（NSSM-200），首次把美国对外政策的第一位目标落在控制全球人口这一新的焦点上。[13]

从 20 世纪 70 年代开始，无数的非政府组织在洛克菲勒集团和外围

---

* 经济合作与发展组织（Organisation for Economic Co-operation and Development）简称经合组织（OECD），是由 30 多个市场经济国家组成的政府间国际经济组织，旨在共同应对全球化带来的经济、社会和政府治理等方面的挑战，并把握全球化带来的机遇。它成立于 1961 年，总部设在巴黎。——译者注

机构的策划下成立了。这是一个当之无愧的“创新”——这类新的基金会或者民间机构不用纳税。它们就把免于缴纳的税金，直接转变成“基金”；它们的金钱流向，作为精心安排的战略行动，都以项目支出的方式加以控制。在形式上和表面上，它们主张多样性的宗旨，因此在社会上得到了各类公众自愿的支持，洛克菲勒集团选择的政策和项目，就这样披上了一个“公众广泛支持”的外衣，同时避免了公众对它们可能产生的疑问。

这些非政府组织都把“地球第一，自然保护第一，人在污染地球”奉为宗旨。按照洛克菲勒和基辛格的模式，要想降低污染，就必须减少世界上的人口。第三世界——非洲、拉丁美洲和亚洲，正是人口增长迅速的地区，所以恰好成为被遏制的目标。

戴维·洛克菲勒精英集团借助石油稀缺论为马尔萨斯主义“招魂”，那些信奉“人在污染地球”的非政府组织，为马尔萨斯主义“还魂”助了一臂之力。在全世界高度关注的视野里，稳居中心的就是罗马俱乐部和《增长的极限》。这些非政府组织最终被证明不过是精英集团推进私人目标和计划的一个有效的新式工具。

另外，还有两个同样有影响力的机构，也是推崇马尔萨斯主义、主张人们降低生活标准的机构。第一个叫作“地球峰会”，即“斯德哥尔摩人类环境大会”，它的首次会议在石油危机发生数月之前召开。第二个自称“1001：自然信托”，是一个更鲜为人知但极有影响力的精英团体。

“1001：自然信托”

“1001：自然信托”创建于 1971 年。它的创建者正是彼尔德伯格俱乐部的首倡者和第一任主席荷兰亲王伯恩哈德。这是一个封闭的私人团体。它邀请了全世界 1001 个最富有的人加入其中。伯恩哈德亲王亲自选人，其成员都是精英中的精英：王公、贵族和亿万富翁。这个机构每年一次向以荷兰亲王伯恩哈德为主席的“世界野生动物基金会”（现更名为“世界自然基金会”）进贡。

荷兰亲王伯恩哈德创建了“1001：自然信托”

让我们来看看这帮人都是何方神圣。戴维·洛克菲勒自然是必不可少的，还有他的密友詹尼·阿涅利。另外还有罗伯特·安德森，他来自大西洋里奇菲尔德石油公司，是洛克菲勒的商业伙伴，也是阿斯彭研究所（环境智囊机构）的出资者。

这是一个长长的名单。有英国的艾斯特子爵、爱丁堡公爵菲利普亲王，还有罗马俱乐部创建者之一亚历山大·金博士。在德国方面，有克虏伯公司的贝特霍尔特·拜茨、弗朗茨·博尔达、弗里德里希·弗里克博士、伯恩哈德·葛次梅克教授、鲁道夫·欧依特克、克莱门斯·冯·施图茨陶芬贝格伯爵、约翰内斯·冯·图尔恩－塔克西斯王子、海因里希·蒂森-博尔奈米绍男爵，以及基督教民主联盟的出资人、列支敦士登的赫伯特·巴特林纳博士和列支敦士登王子弗兰茨·约瑟夫二世及他的儿子汉斯－亚当王子等。

外围成员中有：苏丹的阿加汗王子、詹尼·布尔加里、亨利·福特二世、荷兰皇家壳牌石油公司首脑约翰·劳登、希腊船王斯塔夫罗斯·尼亚尔霍斯、法国的埃德蒙·德·罗斯柴尔德男爵、英格兰的埃德蒙·罗斯柴尔德男爵，还有沙特的谢赫·萨利姆·本·拉登。

洛克菲勒搞的这个“1001：自然信托”，明明白白是一个名副其实的、最富有和最有势力的顶级精英俱乐部。[14]

世界野生动物基金会

世界野生动物基金会是一个知名度很高的机构，它与罗马俱乐部等新近成立的著名环境保护机构所持的理念完全一致。世界野生动物基金会主席彼得·斯科特爵士曾经这样概括他领导的这个机构的宗旨：

> 我们必须把事情的因果关系看清楚。世界人口太多是原因，人口是比其他因素更大的麻烦。我们必须给人口总数设置一个上限。所有的发展援助，都必须把严格地限制生育作为前提。[15]

斯科特爵士说得非常准确。世界野生动物基金会（国际）主席、英国的菲利普亲王，在一次达沃斯世界经济论坛上，对他的商界、政界精英听众说，养羊的人都知道，必须对羊群搞“剔除”。如果要维持一个理想的人口规模，也得这样做：

> 你有多大的草场，你就养多少只羊。换句话说，为了维持每一个地域各个物种之间的平衡，在环境保护事业中，我们必须加上一个“剔除”的概念。我知道，这是一个容易引起情感冲动的话题，然而事实就是这样，无法改变，人类只是生物界的一部分。不过，要把世界人口无止境的增长停下来，看来也只有在地球全部生命发生危机时才能实现。[16]

但是，菲利普亲王同样没有说，应该由谁来代表全人类搞“剔除”，由谁来承担这项可怕的职责，决定什么人被剔除、什么人被留下。他又把最重要的事情遗忘了。

在20世纪70年代早期，洛克菲勒基金会支持的每一个基金会，都明确地信奉能源短缺和危机理念，把环保和人口增长相对立。它们都是精英们推行资源控制、能源控制计划的手段和工具，那些行动真正的目标，是把全面削减公众生活水平的“观念”合理化。接下来，就是那个倒行逆施的“优生学”议程——被商界和政界精英大力支持的“人口控制方案”。

1972 年是地球日大会的起始年。全世界最显赫的洛克菲勒家族的重要成员、“人口委员会”的发起人约翰·洛克菲勒三世，在 1972 年以“洛克菲勒人口增长委员会”的名义，向尼克松总统提交过一份报告。它的措辞十分怪异，很像一种预言：

> 经过长达两年的专门研究，我们得出下面的结论：从长期来看，如果人口继续增长下去，将不利于发展。相反，通过自愿的措施，逐渐稳定我们的人口规模，对于增强国家解决它所面临的问题的能力，将有显著的助益。我们的研究发现，没有哪一种经济学观点支持人口的持续增长。我国的兴旺不取决于人口增长，商业的活力和普通人的福利也不依赖于人口增长。由于它自身的性质，人口问题将是一个持久的问题，需要给予持续不断的关注。我们的后人将来会借助我们对人口问题的研究，找到进入未来的正确途径。任何一代人在任何一种情形下，都不需要明确最终的目标，也不需要知晓终极的手段，他们需要的只是一个方向——他们将要生存于其中的那个方向。[17]

神秘的加拿大朋友

20 世纪 70 年代初，当戴维·洛克菲勒制定人口长期零增长计划时，为“全球变暖说”世纪大戏敲响开幕锣鼓的，是加拿大人莫里斯·斯特朗。他是戴维·洛克菲勒的私人朋友，也是一个传奇的石油富翁。

首次联合国地球日大会于 1972 年在斯德哥尔摩召开，斯特朗担任主席。斯特朗说，运输车辆、燃煤发电厂和农业排放的二氧化碳，导致了全球气温急剧上升，并且威胁到文明的延续。他向全世界鼓吹人口削减和生活水平控制，以“挽救环境”。几年后，同样是这位斯特朗，再次

位于纽约的联合国总部

用同样激烈的反诘，来表达他的激进生态学立场：“难道工业文明崩溃不是我们这个星球唯一的前途吗？我们的责任不就是让它实现吗？”[18]

在准备1972年联合国斯德哥尔摩地球日大会时，斯特朗委托两个人合写了一本书，书名是《只有一个地球：对一个小行星的关怀和维护》。作者之一是雷内·杜博斯，就职于洛克菲勒大学；另一位是巴巴拉·沃德，是卡内基基金会里的英国环保人士[19]。《只有一个地球：对一个小行星的关怀和维护》在提交时受到空前的吹捧，被誉为“环境现状”的第一报告。这个报告与罗马俱乐部的报告《增长的极限》和野生动物基金会的论调如出一辙：人类造成了污染，要减少污染，就必须减少人口。

仇视人类的优生学被精英披上了一件生态学的外衣，而“全球变暖说”也没有提出足够的科学依据。联合国竟然委托莫里斯·斯特朗主持环保行动，这种用人原则实在令人无法理解。此人的事业和他的大笔财富全都来自石油。鼓吹生态纯洁性的那些人士，从戴维·洛克菲勒、罗伯特·安德森，到壳牌公司的约翰·劳顿，他们都是发石油财的精英。

斯特朗从1947年结识戴维·洛克菲勒起，他的个人事业就开始腾飞，那年他还只是一个17岁的小青年。此后，他加入了洛克菲勒家族的事业和人脉网络[20]。到20世纪60年代，斯特朗已经当上了蒙特利尔能源集团——电力公司的总裁，这家巨型企业集团当年的老板是著名的保罗·德马雷。有报告说，这家企业集团也是加拿大选举中的政治献金之源。根据加拿大调查记者伊莱恩·迪尤尔的报告，前总理如皮埃尔·特鲁多、让·克里腾、保罗·马丁和布莱恩·马尔罗尼等，都与这家公司有利益关联。[21]

莫里斯·斯特朗建议削减人口和降低人类生活水平以挽救环境

斯特朗加入的，是一个小小的、舒适的精英圈子。那里面的人个个手握大权。1971 年，斯特朗被任命为联合国副秘书长，后来又担任了斯德哥尔摩地球日大会的秘书长，同时还被选为洛克菲勒基金会的理事。1972 年第一次地球日大会召开时，洛克菲勒基金会再次为他提供了资金[22]。

无声战争的无声武器

从罗马俱乐部、地球之友到世界野生动物基金会，从阿斯彭研究所到世界观察研究所，这些非政府组织相互配合，发动了一场以争取当代大学生为目标的国际运动，向他们灌输工业化是邪恶、人口增长是癌症的“理念”。这些非政府组织提出，必须扭转趋势，把可再生能源如太阳能和风能投入使用，称这才是应对石油枯竭的“解决方案”。到 1976 年，成长于越战失败后的氛围中、事事都要找出个理由的一代大学生，被这个全新的生态运动所吸引并投入其中，使得这一运动很快成为主流。

他们取得了巨大成功。纽约外交关系协会的高级权威刊物《外交》曾经用很大篇幅刊登 29 岁的阿莫利·洛文斯的一篇文章。那时，他已经是英国“地球之友”在华盛顿特区的机构领导人。洛文斯在文章中说：“在能源问题上，以当前的方式消耗石油将不可持续。走出危机的一个‘软’途径是太阳能，它是替代石油的备选手段。”这不过是哈伯特于

1956年提出的“能源经济模型”的翻版[23]。那一年，戴维·洛克菲勒还在担任外交关系协会主席。

1974年，在激烈辩论石油供给不稳定性的时刻，洛克菲勒兄弟基金会出资50万美元，加上罗伯特·安德森的配套资金，在华盛顿建立了“世界观察研究所”。安德森拥有的大西洋里奇菲尔德石油公司当时正在勘探阿拉斯加的石油，并居于领先地位。拿到这笔钱的人是洛克菲勒过去的雇员莱斯特·布朗。与他合作的，是一些著名的非政府组织、游说团体和智囊机构，它们都忠诚于新环保主义的激进理念。这个位于华盛顿的世界观察研究所曾经制造过声势浩大的宣传效果。布朗鼓吹的“世界人口爆炸”，不过是18世纪的马尔萨斯“人口论”的翻版。“人口爆炸”就是所谓的人口增长大大超出全球供养人口的能力，因此当务之急是减少人口。这正是洛克菲勒的理论。布朗还是绿色革命的积极支持者，他当然也一定会支持哈伯特的石油峰值论。

要发动一场悄无声息的战争，就需要一把无声的手枪，即“全球变暖说”。精英们喋喋不休地宣称，汽车和发电厂燃烧石油煤炭，排放出大量二氧化碳，给地球又造成了新的威胁：全球变暖了。

“碳排放导致全球变暖”实质上是一项新的全球社会工程，这个貌似科学、实际上没有科学依据的观点，究其根底，还是马尔萨斯“人口论”的最新版，是洛克菲勒的精英非政府组织——“1001：自然信托”，向我们展示的一件新外衣。

罗马俱乐部的联合发起者之一、“1001：自然信托”的资助人亚历山大·金博士多年以后承认，在他的《第一次全球革命》一书中所写的这段话带有欺骗性：“为了团结自己，我们必须找到一个新的敌人。全球变暖、水资源短缺、饥荒等能对人类生存造成威胁，它们很适合充当敌人的角色，因为这一切危险都来自人类，所以必须改变观点和行为，才能解决这些问题。要是这样的话，真正的敌人就是人类自身了。”[24]洛克菲勒这些精英们以疯狂的力度建立起来的这些数量可观的非政府组织，在20世纪70年代成功地推广了新环保理念。

我们必须追问：这些精英们要发起和资助这一系列运动究竟是为了什么？他们为什么总是在表面上反对工业的增长？为什么最终总是要归罪于石油消费？他们可是领导世界潮流的主流机构，是美英石油和金融大鳄！

这个问题的真正答案并不是显而易见的。

20 世纪 70 年代，亨利·基辛格担任美国国务卿期间，据说他讲过这样的话："如果你控制了石油，你就控制了所有国家。"[25]

对于戴维·洛克菲勒这些精英来说，石油的意义早已超越了个人财富，甚至超越了大公司财产的意义。石油是整个世界经济的调速器。假如有一天，有人把这个经济调速器握在自己手中，他就可以随心所欲地提速或关机，就能够在国际地缘政治舞台上呼风唤雨，在实际上控制别国的命运。

这就是洛克菲勒在 20 世纪 70 年代设计的宏伟蓝图。随后的时代，是洛克菲勒宏图逐步展开的时代，战争一场接一场爆发、世界经济危机一次又一次发生。这一切都以人们无法察觉的方式，被为数不多的几个精英大鳄玩弄于股掌之中。他们正是通过对石油的盈缺调节，把掌控全世界的能力有声有色地演绎出来。

第二部分

祸起石油

第五章

欲盖弥彰：

洛克菲勒绑架石油

A Hostage to Chase Manhattan

洛克菲勒石油帝国利用价格优势将美国对石油的依赖一步步引到中东，使美国本土储量丰富的石油开采搁置，进口量持续增加。对进口能源的依赖引发了人们对美国国家安全的担忧。对于这一问题的讨论被蓄意导向了替代能源，洛克菲勒麾下的非政府组织大力传播这一理念，使成本昂贵但收效甚微的替代能源渐成气候。但与他们设想的所不同的是，油价高企所带动的核能发电等高效能能源的应用，令石油价格岌岌可危，杠杆优势渐失。洛克菲勒帝国仍然故伎重演，推出吉米・卡特并帮他坐上总统宝座，通过他继续宣扬石油稀缺理论。这一切背后的真相是，洛克菲勒帝国拼命想要掩盖美国本土和世界石油储量过于丰富的事实，以维持被推高了 4 倍的油价。为了达到这一目的，他们不仅要控制本国石油的产量，更要控制其他产油大国的产量。

把石油藏起来

石油，石油！洛克菲勒的罗马俱乐部、荷兰伯恩哈德亲王的野生动物基金会，还有整整一代信奉石油枯竭论的新型非政府组织，它们满脑子想的，全都是石油！

在风平浪静的20世纪60年代，美国每天需要进口石油180万桶，占日消费量的比例仅为18%。如此之低的能源进口比例，在当时就已经引发了人们对国家安全的担忧和讨论，甚至连进口来源集中于某地，都会成为被关注的问题。人们担心的是，如果进口石油都来源于中东，那么美国会不会对这一特定地域的资源产生依赖，并因此而削弱美国国家安全的基础呢?

不管有多少人感到担忧，事实是美国进口的石油越来越多。1970年，美国的石油进口量达到每日250万桶，相较于之前增加了39%，不过其占日消费量的比例反而下降到17%（石油总消费量已大大超过60年代）[1]。这时，离彼尔德伯格俱乐部发动石油危机还有3年之遥。

20世纪70年代早期，关于降低美国对进口能源依赖性的讨论，被蓄意导向了替代能源。在一派能源独立的花言巧语中，顶不了大用的替代能源，竟然渐渐地成了气候。罗马俱乐部和野生动物基金会以及大批信奉新生态学的非政府组织一起，大搞宣传战，提议改用太阳能电池板、开发风能等，其实都是纸上谈兵。替代能源的价格比石油和煤炭昂贵很多，而且没有一种替代能源能够真正实现大规模开发利用的，一时还替代不了石油。搞宣传战的手法是“金蝉脱壳”，花的反正是纳税人的钱。

1975 年，在石油危机爆发整整两年后，世界石油价格已涨至此前的 4 倍，当年美国石油进口比例却飙升至 38%，这一数据简直令人目瞪口呆。在吉米·卡特任总统期间，特别是 1976 年后，美国石油进口比例持续上升。最后，美国人每天消费的石油中，进口比例达到了 41%。[2]

更匪夷所思的是，一直关注对外国石油依赖性的人发现，美国石油进口来自欧佩克的比例，从 1970 年的 43%，上升到 1980 年的 62%，越来越集中了！

国际石油卡特尔七大公司——石油“七姊妹”，把美国对石油的依赖，一步一步引导到了中东。正是美国的冷战外交路线把那里的政治和军事形势搅得很不稳定。

无论石油“七姊妹”走到哪里，五角大楼总是会不远不近地跟到哪里。其实，美国本土有数量巨大的煤炭储藏，也有大量的天然气，更不用说极丰富的石油储藏。由于可以进口石油“七姊妹”在中东和北海开采的石油，美国本土的石油开采就搁置下来了。

真正的问题根本就不是什么替代能源。美英石油巨头和银行面临的最大的困难，是一个谁也无法想象的困难：怎样才能不动声色地藏匿全世界储量极其丰富的大型油田——在世人的眼前把石油藏起来！另外，他们在 1973 年采取的石油价格冲击行动，正在显现出非预期的后果，不管不行了。

正在失去石油杠杆

1976 年，洛克菲勒集团的美国精英看到了一个严重的问题。石油价格提升了 4 倍，也同时提升了美元的地位，这的确是华尔街和华盛顿迫不及待想要的。可是，“甘蔗没有两头甜”，油价持续高企的情况下，反而使其他种类的能源价格具备了优势，这使得石油的优势地位变得岌岌可危。

1976 年，美国的石油消耗量把美国稳稳地排在世界石油市场第一位。但是，当石油价格冲上最高点时，这个市场又缩小了——相比 1972 年价格危机之前，石油消费量收缩了 13%。而在同一时间段里（1972 年至 1979 年），作为第二大能源的煤炭消耗量上升 22%。1972 年，原子能的使用尚可忽略不计，石油危机后，大批核能发电厂投入运行，发电量迅速增加了 4 倍，达到石油能量的六分之一。

被鼓吹了许久的替代能源，发展状况却仍然萎靡不振——把太阳能、风能、地热等加在一起，1979 年所有的替代能源的总和，也只是一个极小量，仅占能源总量的 0.1%。[3]

作为全球最大的石油市场，美国开始感受到价格跳水的压力，这一情况令石油“七姊妹”惊慌失措。它们背后的那些银行，特别是戴维·洛克菲勒的大通银行和花旗银行，也同样陷入了惶恐之中。

德国、法国、日本等工业化国家都把这个形势看明白了。核电站在世界各地修建起来，因为那些国家都希望降低对石油的依赖。在 20 世纪

石油价格上涨使得核能发电具备了优势。图为美国圣露西核电站核能发电厂

70 年代末期，核技术看起来比石油和煤炭的地位都更加优越，未来有可能成为有效的电力供给方式。1975 年，欧盟成员国曾有这样的设想：到 1985 年，建成 160 至 200 座核电站。

德国施密特政府对 1974 年石油价格冲击的回应是：在 1975 年通过了一个项目，目标是到 1985 年实现核能发电装机容量达到 420 亿瓦，使核电占总用电量的 45%。在欧盟国家里，只有法国的计划规模比德国更大，它的目标是达到 450 亿瓦的发电能力，计划完成时间也是 1985 年。早在 1975 年秋，意大利工业部部长卡洛·多纳特·卡廷便组建了意大利核电公司，包括 20 座核电厂，建成时间是 1980 年。甚至连刚刚从佛朗哥 40 年统治下解脱出来的西班牙，也提出一个建设 20 座核电站的计划，截止时间是 1983 年。

一个 10 亿瓦标准的核电发电能力，就足够供给一座百万人口的现代工业城市用电。[4]

核电工业在欧洲迅速成长，尤其是在法国和德国，这又对美国构成了威胁——直到 1973 年石油危机之前，核出口市场一向是由美国主导。法国和德国电站设备联合制造公司（KWU）拿到了伊朗的合作意向书，将要在伊朗建造 4 个反应堆；法国又与巴基斯坦的布托签订了建立现代核设施的计划；1976 年 2 月德国和巴西谈判成功，将在和平利用核能方面展开合作，协议的内容包括德国为巴西建 8 个反应堆、建造乏燃料后处理设施，并且建造浓缩反应堆材料铀的设施[5]。

自从第一次世界大战以来，美英军事集团权力的全部基础就是控制石油，然后利用增加或减少石油的供给量，来控制世界经济的增长速度——这就是地缘政治的核心问题。

时光流转。自 1976 年起，原有的战略必须调整了，否则石油杠杆就要从手中滑脱。

三轴联动

杰拉尔德·福特总统执政结束后，一位鲜为人知的佐治亚州花生农场主，于1976年出人意料地当上了美国总统。他就是吉米·卡特。

卡特那一届政府，在某些媒体上被称为“三边政府”。掌握实权的人包括：卡特总统和副总统沃尔特·蒙代尔、国务卿赛勒斯·万斯、国家安全顾问兹比格涅夫·布热津斯基、常驻联合国代表安德鲁·扬格、助理国务卿理查德·霍尔布鲁克、财政部部长迈克尔·布卢门塔尔、国防部部长哈罗德·布朗，以及数不清的当朝高官。他们全部都是戴维·洛克菲勒秘密的“三边委员会”成员，行事不太光明。

1973年，洛克菲勒成立了“三边委员会”，并任命他的密友、波兰出生的哥伦比亚大学教授布热津斯基担任第一任执行董事。洛克菲勒成立这个组织，目的是把北美和西欧的商界和银行界精英，纳入一个私密的政策协调机制。他这次破天荒拉上了日本。这个机构类似彼尔德伯格俱乐部，那是美欧精英于1953年建立的。[6]如果彼尔德伯格集团可以看作“双边”，那么这个“委员会”拉上了日本，就构成了一个“三边世界”。需要知道的是，戴维·洛克菲勒的“三边”世界只接纳工业化国家中的优胜者，发展中国家没有一个受到邀请。

随后，布热津斯基受洛克菲勒指派，去给卡特当外交事务方面的培训官。洛克菲勒的三边委员会在第一次年会之前就有了一个决定：让卡特进入大选。卡特出席了那次在日本东京召开的三边委员会第一次年会，时间是1976年5月。他的机票就是三边委员会购买的。卡特后来在自传中说过：“担任三边委员会的工作，给了我一个极其难得的机会，从不止一个学术领域学习治国术中的外交事务，结交国际知名人物。”他还说道：“加入这个委员会，取得成员资格，为我提供了不可替代的学习机会。”[7]

通过洛克菲勒的三边委员会和他们掌控的媒体，富豪精英圈向卡特敞开了大门。卡特具有一种华盛顿圈外人物的形象，他虔诚地信奉宗教，对于不知情的美国公众和那些按时去教堂的美国人来说，他表达了一个令人放心的信号：他不是精英圈子的人。

能源战略彩排

1977 年，卡特就职后马上设立了能源部。能源部的宗旨，按照它自己的说法，是结束美国对国外石油的依赖。但是，它说的和做的完全不一致。能源部第一任部长詹姆斯·施莱辛格在尼克松时代担任过中情局首脑和国防部部长，在那两个职务之间，他就职于兰德公司——与五角大楼密切相关的一家智库。在 1973 年，他任国防部部长时，“赎罪日战争”爆发，导致石油禁运。美国空运军火给以色列的命令，就是施莱辛格下达的，五角大楼称为“五分钱行动”。恰恰是这个“行动”，激怒了欧佩克，触发了石油禁运。[8]

身为总统的卡特，亦步亦趋地紧跟着洛克菲勒的罗马俱乐部，全盘接受其新能源理论。他甚至在白宫屋顶上架设了太阳能板，关闭白宫里的取暖设备，处理公务时身穿臃肿的毛衣。

詹姆斯·施莱辛格是美国能源部第一任部长

在 1977 年 4 月的一次全国性的“炉边谈话”节目中，时任总统、前海军核动力潜艇军官吉米·卡特向全国宣布，美国的能源状况已经达到了“在道德水准上打一仗”的程度。[9]

卡特在演讲中提了 10 点提议，其中包括到 1985 年停止石油进口。事实却是，此后 20 年美国的石油进口增加了一倍。那次节目还使卡特失去了驾车上瘾的美国公众的支持，因为他表示，一定

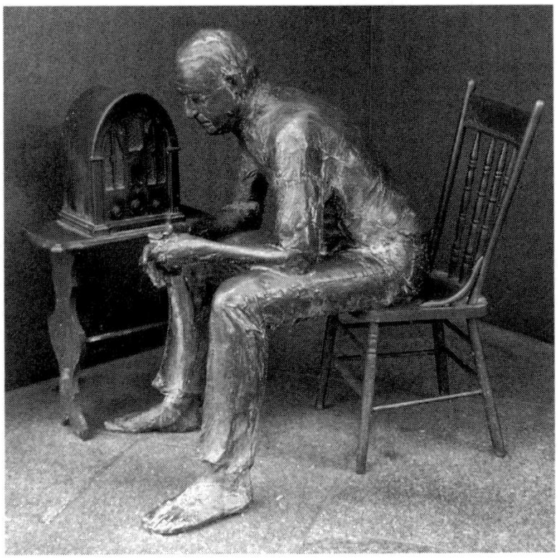

卡特通过“炉边谈话”倡导人们节约能源。图为在罗斯福公园收听该节目的听众塑像

要开大车的那些人，就应该支付更多的费用。他还号召美国人民尽量不开取暖器，气温不低于华氏 65 度（摄氏 18 度）不要取暖，夜间室内温度应该保持在华氏 55 度（摄氏 13 度）。对大部分美国人来说，那的确是太冷了一点。

卡特的能源观就建立在哈伯特的“石油稀缺性”理论上，在意识形态上，是由罗马俱乐部推动、借石油还魂的“新马尔萨斯主义”。他说道：“我们对能源的需求，必须压低到能够与我们迅速缩小的资源保持平衡的程度。我们别无选择。”[10]

他的核心观点是：“石油正在枯竭。”

石油和天然气，构成我们能源的 75%，它们正在枯竭。无论怎样努力，国内能源生产都正在以每年 6% 的速度持续缩减。过去 5 年进口量已经加倍。除非实行大规模的改变，才能降低石油消费。我们相信，最早到 20 世纪 80 年代，世界对石油的需求将无法得到满足……现在这个世界每天消耗 6000 万桶石油，每年还在以 5% 的速度递增。这就是说，仅仅是为了维持现状，我们就需要每年增加一个得克萨斯的产量，每 9 个月增加一个阿拉斯加北坡的产量，每 3 年需要增加一个沙特阿拉伯的产量。这样下去显然是不行的……因为我们正在耗尽天然气和石油。我们必须迅速为第三次变革做好准备，严格限制消费，启用煤炭以及永远可再生的能源，如太阳能。[11]

施莱辛格被授权设计一个“卡特能源战略”。正是他为卡特起草了那篇“在道德水准上打一仗”的能源讲稿。[12] 为了支撑施莱辛格起草的紧缩能源方案，卡特授权中情局发布了一项对苏联石油的调查报告，采用哈伯特的预计方法。他们得出的结论是：苏联的石油产量将于1980年达到峰值，到1985年将争夺中东石油输出国的石油资源，西方和苏联之间会出现严重的竞争，苏联因此将成为西方的对手，并可能引发为争夺能源而发动的战争。[13]

苏联其实有石油，而且手中握着一张大牌，但美国中情局并不知晓。苏联的地球物理学家和地球化学家，从20世纪50年代以来一直在军事秘密状态中开发石油勘探新理论。斯大林从杜鲁门冷战升级的行动中，看出了对手的真实用意，因此他命令苏联科学家，不惜使用任何手段，务必使苏联的能源完全独立于西方。

中情局曾预测说，苏联的石油峰值年是1980年。又过了30年，苏联已不复存在。由于失去了哈萨克斯坦、阿塞拜疆等探明有石油的地区，它的疆域比以前小了很多，但是今天俄罗斯的石油产量之大，仅次于沙特阿拉伯居世界第二。本书后面的章节将要阐述，俄罗斯石油的成功开采，是因为采用了与石油“七姊妹”的石油成因理论有天壤之别的新理论。石油“七姊妹”在拼命掩盖一个事实：我们这个世界，其实就在石油的大海上漂浮着。

美国第三十九任总统吉米·卡特

始乱终弃

伊朗国王礼萨·巴列维是戴维·洛克菲勒的老朋友。他在 1953 年重回孔雀宝座，就是在美国中情局的协助下，推翻了民选的摩萨台政权之后才实现的。

1978 年，伊朗发生了几个重要事件，使伊朗国王深陷内政危机，他的专制王朝摇摇欲坠。大批民众抗议他残忍的封建皇帝式统治，抗议风潮在全国蔓延。为了维护美国对石油武器的控制权，一个全新的石油战略被推到前台。

1978 年，伊朗内政危机的起因，一是官僚挥霍无度，二是伊朗替美国防务支出买单，尤其是第二件事使国王的统治备受批评。1973 年，伊朗国王还执行了基辛格的指示，提高了欧佩克的油价。按说伊朗在石油出口上赚的钱也不少，谁也没想到 5 年之后，这个国家却陷入了四处资金短缺的困境。

伊朗政府 1977 年的财政赤字高达 240 亿美元。据美国大使馆的估计，将来的财政赤字还会更大。为了弥补财政赤字，国王下令政府从国际市场上借钱。

在众多大型国际银行中，戴维·洛克菲勒的大通银行鹤立鸡群，业绩不凡。从 1976 年以来，仅大通银行一家出借给伊朗的钱，就有将近 200 亿美元。一家银行怎么敢把这么多钱放给一个债主？要是伊朗还不上债，大通银行的麻烦就太大了。[14]

真正使伊朗国王深陷内政危机的原因，源于政府对抗议示威者的镇压。镇压一旦开始，总是会愈演愈烈。可怕的秘密警察“萨瓦克”肆意逮捕拷打反对派人士，死者达数千人。“萨瓦克”是美国和以色列情报机构为伊朗设立、用于控制反对派的机构。[15]

1978 年，伊朗局势愈加恶化，抗议示威的风潮蔓延全国。武力压制反对派只会产生一个结果：反对派更多、抗议更激烈。政府只好不断升级施压的手段。就这样拖到 1979 年 1 月，伊朗国王眼看大势已去，便宣布退位，第二次踏上了流亡国外的征程。国王这一次出逃，永远不可能重返故土了。

伊朗国王的统治一夜之间坍塌，令华盛顿感到惊奇。美国国防部情报机构在1978年9月27日的报告中表示："伊朗国王还能继续执政10年。"[16]

伊朗是欧佩克中最大的国家。1979年初的伊朗动乱，成全了石油"七姊妹"。它们找到了一个最好的借口，把世界市场上来自伊朗的石油全部扣下。全世界对石油的需求正在降低，替代能源如核能和煤炭等也在逐渐兴起。怎样才能把1973年至1974年推高了4倍的油价维持住，这个难题让那些大石油公司寝食不安。

巴列维国王下台后，属于什叶派领袖的鲁霍拉·霍梅尼，仅仅在一个月内就把权力集中起来，建立了一个国家。戴维·洛克菲勒和大通银行警觉起来，他们突然发现自己面前的伊朗，变成了一个完全无法理解、完全不能信赖的伊朗。

礼萨·巴列维是伊朗巴列维王朝第二位君主。1979年1月，其政权被伊斯兰革命推翻

与此同时，大通银行在美国国内的房地产投机中失败，正面临困境：1977年初，大通银行的坏账已达17亿美元，美国货币管理当局把大通银行归入了"问题银行"一类，因为大通银行的债务对资本的比率太高了。过去伊朗国王欠的债被看作黄金债，现在看来也不是那么回事了。[17]

针对伊朗政权更迭后的新局面，美国精英们搞了一个非同寻常的"解决方案"，目的是重新获得对德黑兰的影响力。

戴维·洛克菲勒集团首先在

华盛顿内外发起一次行动，使德黑兰被迫违约拖欠债务，这是实施其“解决方案”的前提。这些美国精英们早就算计好了，在美国的法律框架下，只有伊朗违约拖欠国家债务，才能让美国总统合法地宣布紧急状态，到那时，伊朗在纽约甚至伦敦的财产就可以被冻结。时至今日，只有这样做才能拯救戴维·洛克菲勒的银行了。

能源部部长是詹姆斯·施莱辛格，他太愿意帮助大通银行了。1979年2月7日，施莱辛格在参议院作证，在伊朗国王下台后的动乱中，如果伊朗石油削减供应会产生什么后果。他告诉震惊的参议员们，石油的总供应量可能会大幅度下降，直达一个非常危险的低水准。他表示：“我们必须看到，这比1973年石油禁运的后果更严重。”[18]

人贵而言重。施莱辛格的证词，加之他能源部部长的身份，使得美元和股票市场大跌，黄金大涨，而实际上石油的供给不存在任何紧急问题。1979年初，即使伊朗石油短期减产，世界石油产量还是比上年增加了5%。世界市场上石油不是太少，而是太多了。施莱辛格、洛克菲勒和大通银行唯一的难题是：他们必须撒谎，而且更糟糕的是，洛克菲勒计划在当年4月宣布全国石油供给短缺的紧急状态。如果伊朗国内政治趋于平静、伊朗油田恢复生产，每天便可出口数百万桶石油，那紧急状态如何像变戏法一样变出来呢？[19]

问题还不止这些，伊朗新政权竟然对美国大使威廉·沙利文表示：伊朗愿意同华盛顿保持稳定的贸易和外交关系。可是，洛克菲勒需要的是宣布国家进入石油供给短缺的紧急状态！1979年夏天，霍梅尼甚至亲自提议，伊朗要购买美国的军事装备，用于装备自己和库尔德人——这更是不着边际的话了。

五角大楼很快就作出了积极的响应。[20]

在1979年的某个时刻，在洛克菲勒大通曼哈顿银行总部的一间办公室里，有过一次聚会。房间里气氛很沉重。在场的人物中，有一位是天不怕地不怕的阿奇博尔德·罗斯福，他是大通曼哈顿银行中东事务副总裁，也是1953年伊朗政变的策划人——正是那次政变使巴列维国王得以回国执政。另一位是已经离开政府的基辛格，在戴维·洛克菲勒的大通国际咨询委员会任职。由这几个人物的身份可见，大通曼哈顿银行和戴维·洛克菲勒在华盛顿人脉极广。这些大人物只要聚在一起，下面必定有大戏上演。

1979年10月，情形更加紧迫了：伊朗的政局对美国越来越不利，大通曼哈顿银行已经成了政治人质。事已至此，不得不搏了。洛克菲勒、基辛格、洛克菲勒家族律师约翰·麦克洛伊等一起决定，要采取一项重大战略行动。

洛克菲勒、基辛格他们找到了一个绝佳的“药引子”——伊朗国王巴列维。因为美国国务院的情报告诉他们，由于宗教和政治上的原因，只要国王一进入美国国境，“美国大使馆就会被占领，就会有美国人面临生命威胁”。[21]

基辛格和洛克菲勒在卡特的国家安全事务助理兹比格涅夫·布热津斯基帮助下，对犹豫不决的卡特总统私下里施加了巨大的压力。1979年4月，卡特接到过基辛格的电话，劝说他接纳伊朗国王。翌日，戴维·洛克菲勒就造访了白宫椭圆形办公室，再劝诱总统接纳伊朗国王。[22]

终于，在1979年10月18日这天，戴维·洛克菲勒的私人医生本杰明·基恩，出其不意地被洛克菲勒带来，接替了巴列维国王的法国医生。他建议巴列维国王到美国去接受全面的健康检查。洛克菲勒在一旁静候，直到确认美国国务院接到了基恩医生的治疗建议。

卡特能够成功入主白宫，洛克菲勒功不可没，现在到了报恩的时候。10月21日，卡特总统很不情愿地为年老的伊朗国王巴列维签发了入境治病的特别准许。巴列维国王来美国是接受拯救生命的治疗，他患有癌症，只有到美国才能进行所需要的治疗。

卡特身为总统，最终也不得不向洛克菲勒和基辛格屈服。

基恩医生后来声称，他告诉过大家，国王的病情不严重，没有生命危险，而且他本人的建议是，在美国之外有好几个国家，都能做那些体检项目。[23]

事情走到这一步，把马蜂窝捅破，大功告成了。1979 年 11 月 4 日，情绪激动的伊朗学生占领了美国驻德黑兰大使馆，把 50 多人劫持为人质，他们的条件是让伊朗国王回国受审。他们得到了伊朗新政府首脑、最高精神领袖霍梅尼的支持。美伊关系降到冰点。美国公众也愤怒了，但是他们完全不知道，戴维·洛克菲勒的大通曼哈顿银行正欢欢喜喜走在另一条路上，去冻结伊朗的海外资产，不是充公，而是充私——平它自己的坏账。美国大使馆人质的命运，对于他们来说，是微不足道的。[24]

这是一场长达 444 天的人质危机。11 月 14 日，人质危机发生后的第 10 天，美国政府下令，冻结伊朗银行在美国的所有资产。大通曼哈顿银行和洛克菲勒次日宣布，伊朗的一笔债务于 11 月 15 日到期，价值 5 亿美元，已构成违约拖欠。此事在极其复杂的借贷条款中，触发了一连串相关违约条款。伊朗方面直到那天为止，都小心翼翼地遵守规则，在每一个还款日把钱归还大通。这次违约拖欠是由于政治动荡，伊朗政府无暇顾及筹钱还款这样的事情。于是，在短短几日之后，大通银行突然

伊朗人质危机事件期间，美国政府冻结了大约价值 80 亿美元的伊朗在美资产

间在账面上勾销了伊朗的借款。美国财政部用手中掌握的伊朗财产，抵偿了大通银行的全部债务。[25]

接下来，在石油“七姊妹”和洛克菲勒家族面前，出现了一个新的问题：怎样才能阻止伊朗生产更多的石油？世界市场上石油已经太多了！

下一颗棋子是谁呢？自然非巴列维国王的邻居、伊拉克的萨达姆·侯赛因莫属。

用不了多久，他就会被一伙美国大人物推到前台。

第六章

借刀杀人：

两伊战争启示录

Oil Wars by Proxy

美国亲手扶植的伊朗国王巴列维下台后，为了继续控制中东石油，美国使出了伊拉克这颗重要棋子。利用伊拉克和伊朗之间不断升级的摩擦，美国暗示萨达姆，将支持他对伊朗开战。两伊战争中，美国名义上保持中立，实际上不仅支持伊拉克，还暗中支持伊朗。美国这样做的目的无非是想让战争多耗几年，让这些国家动荡不已，以便更好地控制石油买卖，维持巨额利润。美国不仅通过抬高油价控制世界经济，在美国经济不景气的 1985 年，为了刺激经济，美国还迫使沙特大量产油，以使油价暴跌。这一策略不仅给美国经济打了一针强心剂，有利于老布什的总统竞选，另一个更重要的目的是搞垮苏联。果然，从 1986 年初油价开始下跌，严重依赖油气出口的苏联经济没过两年就走到崩溃的边缘。

同室操戈

戴维·洛克菲勒刚刚收回他在伊朗的资产，一场大规模的中东战争就接踵而至。交战的一方是以什叶派为主的神权国家伊朗，领导人是霍梅尼；另一方则是同为欧佩克成员的邻国伊拉克，总统是主张世俗政策的复兴社会党人萨达姆·侯赛因。

两伊战争的真实背景其实和西方主流媒体的宣传大相径庭。以此为序幕，美国开始了接二连三的代理人战争。

无论是长达8年的两伊战争，还是其后美国亲自操刀的伊拉克战争，都只是洛克菲勒帝国全球大棋局的一个个棋子，同为幕后操盘手的自然少不了英国的英国石油公司和荷兰皇家壳牌公司，它们想方设法利用在华盛顿、伦敦和罗马的影响力，意图主导全球石油交易。

1979年7月，伊拉克副总统萨达姆·侯赛因，一个野心勃勃且冷酷无情的复兴党政客，推翻并软禁了总统艾哈迈德·哈桑·贝克尔将军。随后，他列出一个黑名单，指控部分复兴党官员阴谋叛国，并让另外一批复兴党高官亲自执行枪决，以此作为对他们忠诚度的考验。[1] 此后萨达姆一直担任总统，直到2003年被美军赶下台。

萨达姆掌权后，不断加剧与伊朗的摩擦，不但把4万名伊拉克籍的伊朗人驱逐出境，还下令暗杀什叶派领袖阿亚图拉·萨德尔及其家人。伊朗最高领袖霍梅尼随即号召推翻复兴党政权，伊拉克则针锋相对，鼓

伊拉克第五任总统萨达姆·侯赛因

动伊朗胡齐斯坦省叛乱。该省与伊拉克接壤，阿拉伯河流经此处，是伊朗主要石油产区和最大的阿巴丹炼油厂所在地。[2]

1980年9月，伊拉克声称副总理阿齐兹遭伊朗袭击（后经查实系子虚乌有），再加上曼代利等边境城市遭炮击，萨达姆断然出兵伊朗，并置国际法理于不顾，单方面废除了1975年解决阿拉伯河边界之争的《阿尔及尔协定》。该河位于伊拉克城市巴士拉附近，由底格里斯河和幼发拉底河汇合而成，极具战略意义，不但是两国的边境线，也是伊拉克通往波斯湾的唯一出海口。

战争开始后，伊拉克军队占领了伊朗的霍拉姆沙赫尔和阿巴丹，胡齐斯坦省和阿拉伯河旋即成为争夺的焦点。但是，不久双方就把作战重点转移到对手的财政命脉——石油基地上。伊朗袭击了伊拉克的石油出口重镇阿巴克港、法奥港以及伊拉克北部输油管道，还说服叙利亚关闭了伊拉克在其境内的输油管道。[3]

双方的目标都是破坏对方的石油设施，这在中东欧佩克国家尚属首次，但后来类似的事件接二连三。

到1983年，伊拉克石油出口降至每天70万桶，不足产能的三分之一。同样，经过8年共9000多次的轰炸，伊朗哈尔克岛的石油设施也被完全摧毁，原本其出口能力可达每天700万桶。

1984年初，伊拉克把战争升级为“油轮袭击战”，单方面划定了海上禁区，从阿拉伯河出海口一直到伊朗的布什尔港，并于3月在哈尔克岛以南用飞鱼导弹袭击了一艘希腊油轮，这是波斯湾地区发生的首次对民用船只的蓄意攻击。伊朗也不甘示弱，在4月袭击了印度货轮和科威特油轮，之后又在沙特水域攻击了一艘沙特油轮。“油轮袭击战”持续不断，使得海湾国家人人自危。伊朗石油出口减半，波斯湾的航运也下降了四分之一。由于世界石油供应动荡，伦敦劳埃德保险公司不得不大幅提高油轮保费，局势变得愈发严峻。[4]

直到后来沙特击落了一架侵犯其领空的伊朗“鬼怪”式战机，“油轮袭击战”才算告一段落，但伊朗和伊拉克饱受其苦，世界油价也逼近30美元每桶，是伊朗伊斯兰革命时的3倍。

随着两伊战争越拖越久，石油供大于求的事实在20世纪80年代几乎被人遗忘。这看似理所当然，然而据中情局估计，就在两伊战争爆发前，全球市场每天富余石油200万至300万桶，加之美元汇率上扬、美元利率提高导致世界经济下滑，油价那时仍有大跌的可能。[5]

但是，两伊战争让油价一直维持在30美元左右。与此相比，中东地区的开采成本每桶还不到1美元。[6]石油“七姊妹”暂时可以高枕无忧，大通曼哈顿和做石油生意的纽约大银行也算是心满意足。

1979年10月，在老板兼好友戴维·洛克菲勒的建议下，保罗·沃尔克出任卡特政府的美联储主席。他把美元利率提高到两位数，并一直维持到1982年，这让美国和很多国家陷入1945年以来最严重的经济衰退。虽然世界对石油的需求大幅减少，但两伊战争却成功地把油价维持在高位。美英大银行的流动资金也因此变得异常充裕，开始利用石油美元回流向发展中国家大举借贷，包括波兰、南斯拉夫、巴西、阿根廷、墨西哥，以及非洲大部分国家。

此间，军火贸易更是火爆，从法国的飞鱼导弹、“超军旗”战机等先进武器，到美、欧、苏制飞机、舰船、坦克、枪炮，无一不在其列。仅伊拉克在8年间用于购买武器的费用就高达2000亿美元。[7]

同时，以逊尼派为主的沙特担心什叶派主导的伊朗成为中东霸主，于是大力资助伊拉克。从1980年伊拉克发动进攻到1982年春，沙特对其援助金额达每月10亿美元，伊拉克的军队因此扩大了10倍。[8]

这场战争在世人眼中不亚于一场大屠杀，伊朗惯用“人海战术”，伊拉克则使用美制化学武器。经沙特国王法赫德调停，双方终于在 1988 年 8 月接受了安理会第 598 号停火决议。

据粗略统计，战争造成超过 150 万人伤亡，数百万人流离失所。以死亡人数为例，伊朗承认有 30 万人战死，伊拉克的官方数字是 24 万。伊拉克受伤人数约 37.5 万，这一数据反映了在冲突中遭受的巨大人员损失，而伊朗的真实数据可能是 100 多万人死亡或致残。[9]

战争给这两个石油大国带来的经济损失更是惊人，均超过了 6000 亿美元，经济发展停滞不前，石油出口大幅下降。[10]

基辛格秘密军援

但是，极少有人提及美国情报部门在这场战争中的作用，更不必说那些在背后煽风点火的人，像戴维·洛克菲勒的密友基辛格和洛克菲勒三边委员会前成员、时任里根政府副总统的老布什。

美国的官方政策是在两伊战争中严格保持中立，但为了怂恿萨达姆把仗打下去，至少从 1981 年 4 月开始，刚刚入主白宫的里根和老布什，以及中情局局长威廉·凯西，就私下同伊拉克的高官接触；同时他们还秘密地通过以色列为伊朗提供军火，目的就是让交战双方保持均势，以便让战争多耗几年。[11]

基辛格从政府卸任后，创建了基辛格事务所，提供政策风险咨询，人脉非同一般，秘密武装萨达姆的重任非他莫属。基辛格打着美国农业部对伊拉克粮食援助的旗号，利用意大利国民劳动银行亚特兰大分行进行具体操作。基辛格是意大利国民劳动银行国际顾问委员会的成员，而意大利国民劳动银行则是基辛格事务所的客户。据称，基辛格通过意大利国民劳动银行给伊拉克的秘密军援不少于 50 亿美元。

对里根和老布什两届政府非法军援一事，一直传闻不断，国会也介入调查，但是直到 1990 年底真相才水落石出。里根和老布什知道军援无法获得民众和国会的支持，所以有意采取了不正当手段。

基辛格虽已离开政府，但在华盛顿的影响力有时比总统还大。一位调查意大利国民劳动银行事件的司法部官员后来讲道："基辛格似乎法力无边……与执掌尼克松外交政策时相比，现在他在国家安全部门依旧能呼风唤雨。反正是恶人别人做，好处都归他。"[12]

记者斯蒂芬·皮佐做过深入调查，获取了意大利国民劳动银行在伊拉克非法交易的秘密文件。他指出："意大利国民劳动银行的所作所为都经过精心策划，目的是掩人耳目。之所以选择意大利国民劳动银行，是因为它和基辛格事务所及其前成员斯考克罗夫特和伊格尔伯格的关系。"[13]

国会民主党议员亨利·冈萨雷斯来自得克萨斯，为人特立独行，负责众议院对意大利国民劳动银行事件的调查。

在国会的发言记录中曾有他这样一段话：

> 基辛格事务所的很多客户都与伊拉克做生意，这就是为什么意大利国民劳动银行给伊拉克提供的贷款高达40亿美元。沃尔沃在伊拉克生意做得很大，也是得益于意大利国民劳动银行的贷款，公司董事长*是基辛格事务所的理事。意大利国民劳动银行还是CCC**在伊拉克的最大合同方，项目资金高达55亿美元。[14]

与基辛格事务所建立客户关系期间，意大利国民劳动银行亚特兰大分行向伊拉克提供了数十亿美元的贷款，而且刻意隐瞒。虽然铁证如山，但美国主流媒体对冈萨雷斯的调查结果都置若罔闻。

中情局扶植萨达姆

萨达姆在中情局和五角大楼可不是外人。他们最早的秘密合作始于

---

* 即"佩尔·于伦哈马尔"。——笔者注

** 即美国"农业部商品信贷公司"。——笔者注

布热津斯基提出欧亚大陆是最重要的地缘政治中心的观点，力主美国控制“全球巴尔干”地区

1959年，当时中情局在伊拉克招募了一个暗杀小组，目标直指“不听美国招呼”的总理卡塞姆将军，其中就有年仅20岁的萨达姆。[15]

从那时起，中情局就把萨达姆当作“苗子”栽培，给他提供住所、资金并进行培训。1980年9月两伊战争爆发后，中情局和五角大楼的国防情报局对他更是“关怀备至”。

卡特任职末期，国家安全事务助理布热津斯基同样主张援助伊拉克，他也是戴维·洛克菲勒的老朋友。霍华德·泰歇当时是布热津斯基领导下的国家安全委员会成员，他讲过这样一段话：

> 布热津斯基认为，只要采取适当的行动加以拉拢，伊拉克就会逐渐疏远莫斯科。看到复兴党对伊拉克共产党的血腥镇压*后，他更加确信伊拉克也会像第四次中东战争之后的埃及那样倒向美国。经过一年多的深思熟虑，布热津斯基得出结论，伊拉克可以替代伊朗充当波斯湾的稳定支柱。1980年春，布热津斯基等政府官员和媒体开始宣称，伊拉克是波斯湾地区最适合取代伊朗的军事强国。布热津斯基4月份在电视节目中更是公开强调，美国和伊拉克之间没有根本的利益冲突。[16]

美国作家巴里·兰多一针见血地指出，美国传递给萨达姆的信息明确无误——放手进攻伊朗，美国及其海湾盟友一定会支持。为了佐证这

---

* 受苏联革命的感召，伊拉克共产党于1931年3月成立，提出反帝、反封建的口号，积极参加民族解放运动。复兴党政变上台后，把迅速壮大的伊共视为眼中钉，发动血腥镇压，伊共半数以上政治局委员和成千上万的党员被杀害。——译者注

一说法，他还说道："1980 年伊拉克入侵伊朗，西方领导人谁都没有谴责，美国也没有发起石油禁运，这与 10 年后伊拉克入侵科威特时简直是天壤之别。"[17]

黑格出任国务卿不久，就在 1981 年拜会了埃及总统萨达特和沙特国王法赫德。他在给里根的秘密报告中说："法赫德和萨达特都谈到，伊朗通过以色列获得了不少美制武器配件。卡特总统还曾让法赫德传话，让萨达姆放心大胆地进攻伊朗。"[18]

华盛顿这招正是借刀杀人之计。

两面下注

一位中情局前官员曾向记者透露，两伊战争期间，中情局利用部署在沙特的预警机获取战场情报，定期通报给萨达姆。他还承认自己曾签署过文件，把情报同时提供给交战双方，并坦言"只有疯子才会做这种事"。[19]

华盛顿同时给双方提供秘密援助，让两伊战争变成一场长期消耗战，确保唯一获利的是控制着全球石油买卖及相关资金的大玩家。[20]对于美国煽风点火的实情，两任总统却选择刻意隐瞒。华盛顿最关心的就是其全球石油地缘政治和世界霸权，对战争的正义与否根本不屑一顾。

战争结束几年后，在美国广播公司《夜线》(Nightline) 节目中，著名主持人特德·科佩尔直言不讳："现在真相大白了。萨达姆之所以能成为地区强国，完全得益于老布什 20 世纪 80 年代在经费、情报、武器上的秘密援助。"[21]

老布什家族随着第一次世界大战后洛克菲勒石油和银行帝国的兴起而壮大。在 1981 至 1989 年任副总统期间，老布什没少让中情局给伊朗秘密提供武器和资助，到科佩尔讲上面这段话时，他终于如愿以偿当上了总统。

十月惊喜

1980 年美国总统大选，共和党人加州州长里根和老布什搭档参加竞选，卡特则寻求连任。为了取胜，里根和老布什同激进的伊朗伊斯兰政府达成了一桩秘密交易，针对卡特总统精心上演了一幕尔虞我诈的戏码，这就是所谓的“十月惊喜”*。

有关里根和老布什是否竞选违规一事，众议员李·汉密尔顿领导国会特别工作组进行调查。1992 年 10 月 21 日，汉密尔顿给俄联邦安全部副部长斯捷帕申（相当于美国参议院情报委员会主席）发去正式请求，询问俄方是否了解所谓“十月惊喜”的情况。1993 年 1 月 11 日，俄罗斯杜马（俄罗斯议会）密电美国国会称，根据苏联时期的情报和秘密档案，里根在竞选期间派人和伊朗政府秘密谈判，阻挠卡特总统就人质事件与伊朗交涉。这也是为什么洛克菲勒和基辛格在 1979 年不断向卡特施压，让流亡的伊朗国王巴列维到美国寻求政治庇护的原因，因为只有这样才可能引发人质危机。

人质事件久拖不决，共和党人纷纷指责政府措施不力，这给卡特套上了沉重的枷锁。但是，共和党避而不谈的是，此时里根的特使正在和伊朗政府秘密谈判，承诺只要等到里根当选后再释放人质，美国就会提供武器配件和财政援助。[22]

俄罗斯的这份密电牵扯到里根和老布什两位总统，还有比尔·凯西和罗伯特·盖茨两位中情局局长，[23]一旦公布势必引来大麻烦，于是在克林顿总统就职典礼前被秘密处理掉了，美国民众不得而知。

这份 6 页的电文指出，在 1980 年大选期间，里根竞选班子的负责人、也就是后来的中情局局长凯西，还有老布什等人在欧洲与伊朗官员秘密会晤。

电文还说，卡特和里根在人质事件上分别派出密使，争相拉拢伊

---

* 十月惊喜（October Surprise）：美国总统竞选有所谓的十月惊喜一说，就是在十月份临近投票的冲刺阶段，候选人突然宣布重大利好消息以争取选民。——译者注

朗。民主党卡特政府开出的价码是，只要在大选前释放人质，美国可以为伊朗提供军火并解禁其海外冻结的资产。1980 年 7 月在雅典的一次会谈中，卡特的国防部官员表示："原则上同意经土耳其向伊朗提供 F-4、F-5 战机及 M-60 坦克等武器的配件。"伊朗方面则"探讨了逐步恢复双边关系的可能性，并考虑在竞选期间释放美国人质，以表示对卡特总统的支持"。[24]

共和党方面也在秘密接触伊朗。凯西在 1980 年与伊朗代表会面三次，地点在马德里和巴黎。双方讨论了延迟释放人质的可能。在 10 月份的巴黎会谈中，与会者包括卡特政府国家安全委员会官员罗伯特·盖茨、中情局前局长老布什。[25] 盖茨的事业起步于老布什任中情局局长期间，后来当上了小布什和奥巴马的国防部部长。

不论这份密电在细节上真实与否，伊朗在里根就职当天释放人质本身就令人生疑。卡特在任期结束前未能解决人质问题，这无疑是他在旗鼓相当的选举中败北的主要原因。人质释放的时间恰巧是 1981 年 1 月 20 日，而且是里根总统刚刚宣誓完毕之时，当时美国民众的爱国热情如洪水般迸发，里根成了当之无愧的英雄。

电文在结尾处说："1981 年初里根参加总统选举胜出后，马上在伦敦与伊朗方面达成协议，伊朗按约定时间释放人质，美国则继续提供武器、配件等军用物资，由以色列私营军火商具体实施。"

1986 年 11 月 2 日，媒体披露美国与伊朗秘密交易武器的丑闻。事发后里根的声望急剧下降

以色列因为担心好战的萨达姆会对自身构成威胁，所以打算扶持伊朗相抗衡。同时，以色列情报机构摩萨德还在伊拉克北部地区秘密支持库尔德领

导人穆斯塔法·巴尔扎尼的反政府势力。对以色列而言，在 20 世纪 80 年代初选择伊朗明显是“两害相权取其轻”，以色列认为伊朗可以在东部牵制伊拉克，从而减轻以色列受到的威胁。[26]

1981 年 3 月开始，在中情局的暗中支持下，F-14 战机配件等物资通过以色列源源不断地运往伊朗，直到 1986 年 11 月被黎巴嫩媒体曝光。这就是“伊朗门”事件。[27]

“伊朗门”事件其实还要复杂，差点把老布什的总统前程毁于一旦。白宫国家安全委员会的一个秘密小组负责这桩非法买卖，由年轻的中校奥利弗·诺思牵头，并且得到以色列方面的秘密合作。交易所得款项用来资助由中情局训练的尼加拉瓜反政府武装，妄图以卑劣的手段推翻民选的奥尔特加总统、搞垮桑地诺民族解放阵线。

尼加拉瓜反政府武装还参与了毒品走私，在洛杉矶等美国城市猖獗地进行毒品交易，获得了大量的资金。中情局承认对这些贩毒行为睁一只眼闭一只眼，借口是为了推翻奥尔特加政权。但是，一些熟知内幕的记者坦言，中情局实际上一手经营了毒品贩卖的整个链条。[28]

华盛顿的“低价石油冲击”

1985 年，美国国务卿舒尔茨在他的办公室召开了一次秘密会议，与会的副总统老布什等高官讨论了如何发动“低价石油冲击”，其策略与 1973 年发动的石油危机恰好相反，是让世界油价暂时大幅跳水。作为世界第一大产油国，对美国俯首听命的沙特是这出戏的主角。

美国这样做有几个考虑，第一是短期内给美国经济和股市打一针强心剂，为老布什 1988 年竞选总统创造一个有利的经济环境。第二个目标更具战略性，那就是搞垮苏联，让这个当时世界第二大石油生产国陷入长期混乱。

1985 年，美国经济乌云密布，这对怀揣总统梦的老布什来说是一个不祥之兆。要想扭转乾坤还得靠石油，不过策略却与20世纪70年代彼尔德伯格俱乐部的安排截然不同。

华盛顿用心良苦："如果能通过石油涨价获利，为什么不能反其道而行之呢？"

美国财政部曾在1985年10月做过一项绝密研究，其解密文档显示研究的结论是："降低油价对世界经济有益……我们的政策应该是……不让欧佩克和其他产油国人为涨价……"[29]虽然沙特石油大臣亚马尼对此严词驳斥，但美国能源部部长唐纳德·霍德尔等人的言论清楚地表明，华盛顿已经采取秘密措施打压油价，不过还忘不了假惺惺地往自己脸上贴金。

1985年3月，国务卿舒尔茨给美国驻伦敦大使馆发去一份密电，部分内容是："国务院各部门应迅速着手研究油价暴跌的影响，国务卿对此极为关注。"[30]

舒尔茨是戴维·洛克菲勒的朋友，在洛克菲勒家族创建的芝加哥大学教经济学。他在1971年8月和保罗·沃尔克等人一起劝说尼克松让美元和黄金脱钩，为1973年油价上涨4倍创造了关键条件。舒尔茨卸任后，洛克菲勒马上聘请他加入了大通曼哈顿国际顾问委员会。[31]

1985年2月11日，沙特国王法赫德访问美国，与里根总统商讨"石油和经济"的问题。沙特石油大臣亚马尼和美国副总统老布什、财政部部长詹姆斯·贝克、能源部部长赫林顿也进行了会晤。不过，美国高官们念的都是同一本经——"市场"应该取代欧佩克成为定价的标准。

同年9月，尽管世界石油早已产量过剩，但华盛顿迫使沙特继续增产，以便压低油价。美国助理国务卿莫顿·阿布拉莫维茨给舒尔茨提交了一份备忘录，内容是："通过增加产量并给市场定价……沙特可以左右欧佩克……价格战一旦开始，油价就会跳水至每桶20美元上下，包括美国在内的大多数国家都会受益……"[32]　要知道，当时的油价是每桶35美元。

老布什在1986年4月秘密造访沙特首都利雅得。根据国务院解密的记录，老布什告诉沙特国王："只有市场才会给出油价和石油产量的最佳答案。"他暗示沙特大幅增产以造成世界油价暴跌，同时许诺为其提供美国最先进的武器，国王欣然应允。[33]

搞垮苏联

油价下跌是刺激美国经济的强心剂，对于参加1988年总统竞选的老布什来说是天赐良机。更为重要的是，如阿布拉莫维茨所言，油价快速下跌，"苏联将受到致命的打击，难以继续依赖石油出口换取巨额外汇"。[34]

阿布拉莫维茨直接参与了搞垮苏联的行动。他和阿富汗游击队秘密接触，为他们提供毒刺导弹，沉重地打击了苏联空军。这个游击队里就有一个叫本·拉登的年轻人。[35]

资助阿富汗游击队，这也是中情局局长凯西头脑中大战略的一部分，该战略的目的就是发动经济战来搞垮苏联。持同样观点的还有被称作新保守主义的鹰派强硬分子，不过当时他们鲜为人知。

凯西和里根总统关系密切，是美国历史上最有权力的中情局局长之一。他经常向里根汇报苏联的情况，像工厂缺乏零件、食品短缺、外汇匮乏等，总统对苏联经济处于崩溃的边缘深信不疑。凯西强调说，现在需要的就是用力一推，苏联就会应声垮掉。[36]

尽管亚马尼反对，华盛顿还是说服了法赫德国王发动"低价石油冲击"，向本已供大于求的市场大量供应石油。[37] 欧佩克油价急转直下，从1985年冬每桶近26美元降至次年7月的9.86美元。到1987年，油价稳定在相对较低的15美元每桶，这对于美国经济在大选前恢复元气可谓天降甘霖。

亚马尼不满美国的低价石油阴谋，予以公开谴责，但却被诬陷为石油冲击的罪魁祸首，被法赫德国王解职。

油价大跌成了压死骆驼的最后一根稻草，苏联的外汇来源大幅缩水，战时经济全面崩溃，无力应对由美国中情局支持的阿富汗游击队和尼加拉瓜反政府武装，无法获得所需的西方先进军事技术，尤其是与所谓的星球大战计划相抗衡的导弹防御技术。凯西的战略就是对苏联全方位施压，直到其垮掉，油价下跌是最核心的手段，但出于种种考虑没有人愿意揭开其真正的面纱。

20 世纪 70 年代初以来，苏联 60% 以上的外汇收入来自向西方出口油气，这是一个致命的战略弱点，与冷战初期斯大林自给自足的政策背道而驰。1973 年第一次石油危机后，苏联的军事工业靠大把的石油收入购买了不少西方先进的技术和装备。美国中情局估计，全球油价每上涨 1 美元，莫斯科就会凭空多赚 10 亿美元。但是，祸福相依，1986 年初油价开始下跌，莫斯科也只能眼睁睁地看着财富瞬间蒸发。[38]

不出两年，苏联领导人戈尔巴乔夫就举旗认输，承认其新思维无法挽救即将崩溃的苏联经济，并且同意两德统一，把控制了 40 多年的东德拱手让出。石油成了华盛顿打败苏联的终极武器。

里根 1986 年发起低价石油冲击之后，20 世纪 70 年代初受高油价诱惑而开始的勘探项目叫苦不迭，得克萨斯、俄克拉何马、加利福尼亚等州备受打击。不少油田在 1978 年至 1980 年人为制造的高油价时尚可盈利，到 1986 年就无利可图，只有倒闭了事。1986 年 1 月至 3 月，世界油价跌幅过半，石油勘探几乎陷于停滞。

从 1986 年开始，美国国内石油产量下降，原油进口从 1985 年的每天 320 万桶增至 2000 年的 910 万桶，增加的需求大部分由欧佩克提供，尤其是亲美的沙特和科威特。美国从欧佩克的进口石油比重从 1985 年的 41% 升至 1990 年的 60%。在此期间，苏联垂死挣扎，华沙条约集团也逐渐解体。[39]

1989 年 1 月，老布什宣誓就任美国第 41 任总统。苏联即将解体成为众多局势动荡的加盟共和国，长达 40 年的冷战就要落幕。苏联领导人戈尔巴乔夫下令从阿富汗撤军，这一失败往往与美国的越战相提并论，但实际上苏联在阿富汗的惨败意义更为深远，因为它事实上标志着苏联的终结。最后一支苏军于1989年2月15日撤离喀布尔，9个月后的11月9日，分隔社会主义东德和资本主义西德的柏林墙轰然倒塌。

令人不解的是，尽管两伊战争在1988年8月结束，新任总统老布什仍然决定继续给萨达姆提供军火，从而拉开了下一轮中东石油战争的序幕。这也是五角大楼所谓的“全方位主导”，即美国建立世界帝国梦想的开始，老布什在国会演说时称其为建立“世界新秩序”。[40]

第七章

欲壑难填：

海湾战争志在必得

Controlling All Oil, Everywhere

为了牢牢控制波斯湾产油国，两伊战争后，美国先是为重新武装萨达姆提供必要的资金，接着就开始策划伊拉克对科威特的战争。美国怂恿科威特违反欧佩克生产配额，大幅增加石油出口，以此拖垮战后的伊拉克财政，这导致两国关系高度紧张。在美国大使明显的暗示下，伊拉克放手进攻科威特，战争导致原油价格急速攀升，这确保了石油处于高价位。而美国也在此时推出“世界新秩序”，并以保护沙特石油为借口向伊拉克派兵，有了保护沙特油田这个幌子，美国用武力控制波斯湾石油就有了实质性进展。所以，尽管伊拉克后来完全遵守了联合国决议，美军依然对伊拉克进行了军事打击。到20世纪90年代初，美国的军事基地已经落脚中东，还在科威特、卡塔尔等国建立了永久军事基地。

美国故伎重演

经沙特调停，伊朗和伊拉克在1988年停战。按理说美国没必要再给萨达姆军事援助，可是终于当上总统的老布什却另有打算。他在1989年10月签署《第26号国家安全指令》又给伊拉克划拨了10亿美元的“粮食贷款”。不少美国高官对此持有异议，农业部部长克莱顿·尤特甚至坚决反对，国务卿贝克不得不亲自出面调解。没过多久，到1990年初，第一批5亿美元的信贷就顺利兑现了。[1]

老布什和贝克在这件事上可谓老谋深算。

签署此命令可不是一时冲动，更不是可怜萨达姆财政上入不敷出。

两伊战争之后继续给伊拉克提供军援，这是五角大楼的长期战略考虑，也是洛克菲勒石油帝国和控制军工的美国精英们大战略的一部分，美孚、雪佛龙、埃克森、哈利伯顿、柏克德等大公司都在其列。他们在地缘政治上的核心考量就是控制中东地区，确切讲是伊朗、伊拉克、沙特、科威特和阿联酋构成的三角地带。那里的石油储量居世界之最，开采价格也最为低廉。给萨达姆提供军援就是为下一阶段美国军事控制中东地区做好铺垫。其实，早在20世纪70年代任中情局局长时，老布什就已开始与萨达姆打交道。

对美国政府和华尔街利益集团而言，要想完全控制世界石油市场，依然存在一定变数。伊拉克曾在1972年与苏联签署了友好合作条约，双方建立了密切的经济和军事关系；伊朗则一度试图把油田收归国有。这些做法其他欧佩克国家完全有可能效仿，如果听之任之，战略风险实在太大。[2]

1980 年 1 月的国情咨文首度阐述了卡特主义，标志着美国迈出直接军事控制海湾石油的第一步。鹰派作风的三边委员会前主席、国家安全事务助理布热津斯基后来承认，卡特先是让中情局秘密支持阿富汗游击队，诱使苏联出兵，然后再出面谴责苏联的入侵行为。[3]

卡特在国情咨文中说："任何外部势力试图控制海湾地区，都会被看作是对美国至高利益的侵犯，必将遭到一切形式的反对，包括使用武力。"这个政策后来被《纽约时报》冠之以"卡特主义"之名。[4]

如果要在整个波斯湾照搬门罗主义*的话，与伊朗接壤的阿富汗就是美国独吞该地区的最佳借口。美国对波斯湾产油国志在必得，这原本是霸权逻辑，但西方大部分国家却对此噤若寒蝉。

科威特充当诱饵

老布什先是扫清一切障碍，为重新武装萨达姆提供必要的资金，接着就是确保伊拉克按美国的意图行事——对邻国科威特发动进攻。

老布什等人精心策划，怂恿盟友科威特大幅增加石油出口，以此打压欧佩克石油价格，让饱受战争摧残和财政拮据之苦的伊拉克雪上加霜。1989 年初两伊战争停火后，伊拉克的外债高达 400 亿美元，而且还不包括利息，债权国多数是西方国家。科威特在 1989 到 1990 年间违反欧佩克生产配额，给伊拉克造成的出口损失估计达 140 亿美元。这笔钱对伊拉克缓解财政困难至关重要，因此两国关系高度紧张。然而，这一切正

* 门罗主义发表于 1823 年，表明美国当时的观点，即欧洲列强不应再殖民美洲，或涉足美国与墨西哥等美洲国家之主权相关事务。而对于欧洲各国之间的争端，或各国与其美洲殖民地之间的战事，美国保持中立。相关战争若发生于美洲，美国将视为敌意之行为。——译者注

是美国想要达到的效果。[5]

老布什在1989年给了萨达姆不少甜头。在此期间，美国美伊商务论坛代表团于6月悄悄访问了巴格达。这个组织手眼通天，成员有基辛格事务所的艾伦·斯托加以及美孚石油、西方石油、信孚银行等跨国公司的高级执行官，他们都和洛克菲勒家族有密切的联系。伊拉克向代表团介绍了一个400亿美元的计划，准备在5年内完成巴杜什大坝的灌溉项目，实现粮食自给自足。此外，伊方还建议美方大力投资其炼油厂、化肥厂、钢铁厂、汽车组装厂等，以便发展国民经济。

但是，代表团告诉萨达姆，他必须首先解决外债问题，并且把国家石油资源私有化或大部分私有化。[6]根据英美地质学家的最大估值，就原油储量而言，伊拉克可能居世界第一，唯一有望超过它的就是苏联。

显然，萨达姆拒绝以石油的国有权来换取美国的空头支票。到了年底，联邦调查局突然搜查了意大利国民劳动银行亚特兰大分行，该行经手的23亿美元对伊贷款随即终止，而最初这些贷款正是老布什政府授权的。

美伊商务论坛代表团访伊无功而返，随后意大利国民劳动银行亚特兰大分行又遭联邦调查局搜查，这直接导致西方银行在1990年初全面停止对伊贷款。在这个关键时刻，有人却让科威特国王增产来冲击石油市场。

1986年至1987年石油危机之后，欧佩克为稳定世界油价制定了产量的最高限额，科威特增产无疑违反了该协议。到1990年夏，原油价格从每桶19美元左右降至13美元左右。表面看科威特是搬起石头砸自己的脚，但这却是各方角力的结果。

早在1899年，科威特萨巴赫王朝就被迫与英国签订《科英协定》，穆巴拉克·萨巴赫国王在石油开采上完全受制于英国。20世纪60年代，英国在海湾地区的实力不断衰落，而科威特王室在国内并不受民众拥护，伊拉克对它更是冷眼相待，故而科威特又投靠华盛顿来寻求保护。[7]

伊拉克和其他欧佩克成员国不断采取外交努力，希望萨巴赫国王和萨巴赫的石油大臣停止增产，以缓解由此带来的经济压力，但这无异于对牛弹琴。伊拉克不但无力还贷，甚至缺乏资金来进口急需的粮食。同年7月，所有人都认为油价会降至每桶10美元，1986年的石油危机将再次上演。

1990年2月，海湾阿拉伯国家合作委员会在约旦首都安曼召开会议。萨达姆告诫其他领导人，东欧剧变后美国成为唯一的军事超级大国，其战略后果必将对阿拉伯世界构成特殊的威胁。

萨达姆忧心忡忡地指出，尽管两伊战争在一年前就已经结束，但美军在海湾地区没有任何撤离的迹象。而且“美国多次表示要继续留下”。他还说：“现在两伊战争已经结束，苏联又被国内事务搞得焦头烂额，美国没有什么外部威胁，可偏偏在这个时候反复强调美军要留在海湾地区，这不能不让人疑心。”[8]

萨达姆的结论是，盛产石油的阿拉伯国家应该联起手来，利用“无可匹敌的能源……与欧洲、日本和苏联建立关系，以便尽快获益”。[9]

无论是对老布什还是对华尔街和石油巨头来说，萨达姆的这番话都引起了他们十足的反感。

美国大使口蜜腹剑

1990年7月，伊拉克和科威特在油价问题上的争执达到顶峰，美国驻伊大使阿普利尔·格拉斯皮在25日要求会见萨达姆，就局势进行磋商。根据巴格达公布的官方记录，格拉斯皮告诉萨达姆，美国对伊科之争持中立态度，美国国会在后来也承认了该记录的真实性。

两伊战争结束后，在美国的要求下，科威特借给伊拉克140亿美元，但伊科双方在诸多问题上存在争议，如边界划定、出海口之争、边界地区的石油开采、科威特卖出石油的价格等。

正是在这一背景下，格拉斯皮在1990年7月25日与萨达姆会面，称布什总统有紧急信息要她转达。这是格拉斯皮到任两年来第一次单独与萨达姆会晤，不过也是最后一次。两人谈话的部分记录如下：

格拉斯皮："布什总统明确指示要深化美伊关系……我们知道您在南部边境部署了重兵，当然这与美国并不相干，但考虑到贵国的其他行为威胁到科威特，因而美国有理由表示关心。从两国友好的角度出发，美国希望知道您在伊科边境集结重兵是出于什么目的。"

萨达姆："您也知道，多年来我一直致力于解决与科威特的争议问题。两天后伊科将举行一次会谈，这将是谈判解决问题的最后窗口。（停顿）如果谈判时伊方感觉解决争议仍有希望，那么就不会贸然采取行动；但如果情况相反，那么伊拉克也不会坐以待毙。"

格拉斯皮："您能接受何种解决方案？"

萨达姆："如果能在两伊战争中完全占领阿拉伯河，我们会（对科威特）作出妥协。但是要在阿拉伯河和整个伊拉克（理应包括科威特）二者择其一的话，我们将放弃阿拉伯河，以便确保对科威特的拥有。（停顿）美国对此怎么看？"

格拉斯皮："美国对阿拉伯国家之间的冲突无意发表评论，对伊科争端也是这样。贝克国务卿让我强调一点，其实也是60年代以来美国一直持有的态度，那就是科威特问题和美国无关。"（萨达姆笑了）[10]

两人会谈的次日，在华盛顿召开的新闻发布会上，有记者向国务院发言人玛格丽特·塔特怀勒提问："伊拉克在伊科边境陈兵3万人，美国对伊政府作何表态？是否提出抗议？"塔特怀勒回答道："目前尚无任何抗议表态。"[11]

萨达姆又一次落入华盛顿设下的甜蜜陷阱，而这一次的结果却是致命的。

一周以后的1990年8月2日，伊拉克军队占领了科威特城。科威特萨巴赫王室事先得到消息，带着黄金和贵重物品，坐着劳斯莱斯一溜烟地先跑了。据一位流亡欧洲的科威特前官员说："中情局把伊拉克将要入侵的情报及时通知了王室，但是王室却'忘记'了告诉自己的军队。"[12]

伊拉克占领科威特导致原油价格急速攀升，这是1973年以来第三次发生类似情况，每次都是洛克菲勒与美国情报部门在幕后联手操纵。联合国对伊科两国的石油产品实施禁运后，由于担心原油会再次像1979年那样大幅短缺，油价在1990年8月就从16美元涨至28美元每桶，一个月后又涨到36美元每桶。石油"七姊妹"和美英大银行再一次确保了石油处在高价位，手法依旧是借刀杀人，进而造成石油短缺的假象。

伊拉克刚占领科威特没几个小时，英格兰银行和美国政府就冻结了科威特的海外资产，控制了位于伦敦的科威特投资局。该局号称是世界最大的投资基金，总资产虽未公开，但据信约为1000亿至1500亿美元。

美国最初声明，美国出兵只是保护沙特免受伊拉克入侵（事实证明这纯属华盛顿凭空捏造），撒切尔政府随即跟风附和。萨达姆占领科威特时，老布什正与撒切尔夫人在科罗拉多州的阿斯彭会晤。他马上在1990年8月8日公开表态，迫不及待地推出了"世界新秩序"。[13]

老布什的表态实际上是一派胡言，派兵根本不是为了保护沙特的"纯防御"性措施。约旦国王侯赛因曾指出，早在沙特发出"邀请"之前，美军就已进驻沙特，而且在危机初期，沙特国王法赫德主张通过阿拉伯外交斡旋来解决问题。法赫德曾告诉侯赛因，伊拉克根本没有在伊沙边境大规模增兵，除了美国人口口声声这样说之外，根本没有任何迹象表明伊拉克要对沙特采取行动。然而，时任国防部部长的切尼和法赫德进行了一次长谈，之后沙特便屈从于美国的意志，向美军发出了"邀请"。两人会谈的内容

科威特萨巴赫王室像

至今没有解密。[14]

1990 年 8 月，伊拉克军队占领了科威特城

老布什政府对发动海湾战争早已盘算再三，压根儿就没考虑通过外交手段来平息这场战争。华盛顿曾在1990年11月30日承诺，国务卿贝克会在次年1月15日之前会晤萨达姆（这是安理会规定的伊拉克从科威特撤军的最后期限），但也就是嘴上说说而已。伊拉克在1991年2月15日明确表态要撤兵，老布什却置之不理。苏联在1991年2月18日提议，要求伊拉克遵守联合国所有相关决议，伊拉克当即表示同意，但仍旧于事无补，几天后，代号“沙漠军刀”的地面行动就打响了。[15]

伊拉克后来完全遵守了联合国的决议，对美国更是俯首称臣，但美军的行动依然造成了极大伤亡，约10万名伊拉克士兵被打死。美军甚至还轰炸了阿米里亚防空洞，造成数百名妇女儿童死亡。老布什发动这场战争不是为了迫使伊拉克从科威特撤兵，而是另有所图，其具体内容从未对民众公开，只是被大而化之地称作建立“世界新秩序”。

苏联垮台后，华盛顿断定时机已到，决定把精力转向之前无暇顾及的发展中国家，伊拉克迅速进入华盛顿的视野。如果苏联对这个第三世界的小兄弟弃之不顾的话，美国正好可以填补这个空白。

从1989年夏天开始，美军参谋长联席会议就着手修改美国在中东的军事战略，从应对美苏冲突转变为针对地区强国。到次年6月，也就是伊拉克出兵科威特两个月前，美军陆军上将、海湾战争多国部队总司令诺曼·施瓦茨科普夫进行了兵棋推演，研究美军如何应对伊拉克的装甲部队，显然这不是心血来潮。[16]

有了保护沙特油田免受伊拉克入侵这个幌子，美国用武力控制波斯湾石油就有了实质性的进展。[17]

1989年底，柏林墙倒塌。美国开始炫耀“一超独霸”的地位，或者像老布什在国会演讲时所说的，要建立“世界新秩序”。在入侵伊拉克前夜，他在国会讲道：“开辟新伙伴关系的时刻到来了。我们今天所面临的机遇前所未有，波斯湾的局势虽然动荡不堪，但却带来了历史性的合作机遇。只有充分加以利用，建立‘世界新秩序’的目标才能实现。”[18]

“世界新秩序”摆出一副帝国扩张的架势，火药味十足。到20世纪90年代初，美国的军事基地已经落脚中东，这可谓一个重大的进展。尽管沙特对此十分不满，但被视为“异教徒”的美军却大摇大摆地进驻了沙特的苏丹王子空军基地。

美军还在科威特、卡塔尔等国建立了永久军事基地。辖区包括整个中东以及阿富汗和中亚的美军中央司令部，这成为美国在该地区采取行动的核心力量，其作用在2001年9月得到了充分展示。

在伊拉克，美国在1991年之后采取了严格的空中禁飞措施。4月的“安慰”行动，设立了北纬36度的禁飞区，号称是提供“人道主义援助”，而被援助的库尔德人恰恰居住在伊拉克石油储量最为丰富的地区。次年8月的“南方守望”行动，又划定了北纬32度的禁飞区，从此伊拉克任由美军中央司令部宰割。

随后的若干年，苏联及其东欧小兄弟要么被“肢解”，要么被拉进北约。到1991年，美国的大石油公司已经步入原来苏联的地盘，雪佛龙掌控了哈萨克斯坦的巨型油田田吉兹；英国石油公司等公司控制了阿塞拜疆巴库附近的油田。这就相当于控制了里海盆地的石油，那里的石油储量仅次于波斯湾。

对华盛顿而言，随着苏联1991年解体，美苏冷战可以说已经结束，但美国意图控制全球的真正战争，也就是五角大楼所谓的全方位主导战略，才刚刚开始。毫无疑问，这一战略的核心就是控制石油，管他是哪里的石油。而下一阶段的目标就是中国和俄罗斯以及麦金德地缘政治战略中的欧亚心脏地带。

第八章

巧取豪夺：

车臣战争与俄罗斯石油

Grabbing Soviet Oil Resources

美国不择手段的战略围堵致使苏联解体，原因一方面是美国要击败冷战对手从而达到“一超独霸”的目的，另一个原因就是对苏联储量巨大的石油资源觊觎已久。苏联解体后，雪佛龙通过合资控制了储量极为丰富的田吉兹和科罗廖夫油气田。美国下一个目标是里海之滨的传统油气重地巴库，但运输巴库的石油须通过苏联时期在车臣境内修建的管线。为对俄罗斯这一管线施加影响，美国怂恿叛乱分子和宗教激进主义分子潜入车臣和毗邻的达吉斯坦兴风作浪，暗中扶植车臣叛军。另一方面，为长远计，美国打算绕开车臣，耗巨资修一条通往里海的新管线，以彻底疏通从里海到重要石油市场的管线，意欲从此高枕无忧地掠夺里海取之不竭的巨量石油。

苏联油田——美国垂涎三尺

1987 年，苏联日均原油产量达 1260 万桶，远超沙特，在解体前夕一度成为世界头号产油国。[1]苏联的油气主要出口西方，占外汇收入近七成，换取了大量的美元，用以购买急需的西方军事技术和石油生产设备。但是，美国一度怂恿沙特大幅增产，几个月内世界油价暴跌 70%，对苏联经济构成致命一击。1989 年柏林墙倒塌后，如何控制苏联势力范围内的油田，成了华盛顿的当务之急。

20 世纪 80 年代，美国对苏联实施全面技术封锁，这让苏联举步维艰。要想维持石油高产量，苏联急需进口涡轮钻具。一份中情局解密档案显示："为避免石油产量下降，苏联采取了油井注水法并广泛应用。然而……这需要大功率的潜水泵……可是只有美国才有这种设备……1000 台美国潜水泵比 11000 台苏联潜水泵的功效还高。"[2]

苏联石油产量从 1988 年开始下滑，油田普遍开采过度。为了摆脱困局，苏联计划将哈萨克斯坦境内的田吉兹油田作为开发重点。但是，美国的战略围堵致使苏联解体，哈萨克斯坦、阿塞拜疆等加盟共和国纷纷独立。

枪口对准俄罗斯

美国历史学家詹姆斯·彼得拉斯指出：

> 1991年之后，中情局把搞垮苏联作为重中之重，不惜为苏联境内分裂势力提供资金和武器。哈萨克斯坦、乌兹别克斯坦、格鲁吉亚等国相继独立。华盛顿和伦敦根本不介意谁在这些国家掌权，宗教激进分子也好、斯大林时期的独裁者也罢，甚至可以是黑帮头子，总之什么货色都行，关键是把苏联搞垮，削弱其在高加索和南亚地区的影响力。*

究其缘由，美国早就对苏联的石油虎视眈眈并已将其纳入地缘战略。[3]

1992年，《纽约时报》披露了五角大楼一份名为《国防规划指南》的文件。该指南详细阐述了老布什提出的“世界新秩序”，起草人是国防部部长切尼和他的副手沃尔福威茨，两人后来在小布什当政时期说一不二。

沃尔福威茨

文件称：“冷战结束后，就政治和军事而言，美国的至高原则是维护自身的全球统治地位，防止任何大国的崛起，尤其是在西欧、亚洲以及苏联。”

《纽约时报》评论说：“这份密件的基调就是‘一超独霸’。美国将以强大的武力为依托，运筹帷幄，吓阻任何可能构成挑战的国家或国家集团，以确保自己的地位不受威胁。”[4]

尽管苏联已经解体，但为了突出美国保持强大的军事力量以及核打击

---

* 这里的“苏联”“南亚”皆原文如此。“苏联”应该是“俄罗斯”，“南亚”似为“中亚”。——译者注

能力的必要性，该文件称："俄罗斯仍将是唯一可能毁灭美国的大国。"在对西欧的政策上，"必须防止出现仅限于欧洲的安全体系，以免对北约不利"。[5]

这就是美国"一超独霸"的愿景，五角大楼后来被称为"全方位主导"战略——美国控制海洋、陆地、天空、外太空，甚至网络空间。文件指出：

> 《国防规划指南》针对新的国际形势应运而生。一方面是苏联解体、华沙条约组织解散，共产主义的意识形态在全球的影响力大打折扣；另一方面是美国及其盟国在海湾战争中大获全胜，美国在冷战后的第一场大规模战争中奠定了全球霸主地位。
>
> 除了上述两点，美国还另有斩获，那就是把德、日拉入了美国领导的集体安全体系。这一成果虽不那么引人注目，却促成了民主国家的"和平区域"。[6]

直到第二次世界大战结束近50年，美国才公开表示，德、日已完全融入由其领导的集体安全体系。这表明对于是否能够长期控制这两个第二次世界大战时期强国，华盛顿的领导层并没有完全的把握。

涉及美国利益时，该文件指出：

> 对于那些威胁到美国及他国利益的错误做法，我们必须挺身而出，适时予以纠正……美国的利益应当涵盖以下方面：获取重要的原材料，尤其是波斯湾的石油；禁止大规模杀伤性武器和弹道导弹的扩散……[7]

《国防规划指南》对美国军事行动的必要性着墨颇多，但刻意忽略了联合国的制约作用。它所凸显的核心内容是："世界秩序原本就仰仗美国维持。如果各方不能就相关问题协调一致，那么美国理应单独行动。"[8]这就是1992年美国对后冷战世界的构想——先发制人，并强调发动战争的生杀大权由美国把持。这一战略此后一直持续了若干年。

2002年9月，小布什签署《美国国家安全战略》，阐明了“9·11”事件之后美国主宰世界的蓝图。明眼人一看便知，那不过是切尼1992年《国防规划指南》的翻版而已。

先下手为强

苏联解体后，华盛顿的首要目标是把曾经的苏联地区“巴尔干化”，以便对那里诱人的石油资源下手，而哈萨克斯坦等中亚国家自然首当其冲。

国际货币基金组织对华盛顿那可是言听计从，在20世纪80年代发动了第三世界债务危机，让拉美国家吃尽了苦头。该组织的法宝之一是“休克疗法”，就是在短时间内迫使受援国家的货币迅速贬值，同时把国有资产私有化。显然，这在苏联计划经济模式下难度不小。

1990年7月，西方七国集团首脑会议在休斯敦召开，老布什坚持认为，俄罗斯和原苏东国家要重建经济，必须由国际货币基金组织牵头。这样一来，“休克疗法”就能奏效，为西方国家在那里圈地圈钱铺好路。果不其然，此后近10年，这些国家的经济惨遭破坏。国际货币基金组织力图迫使油气企业私有化，但效果不大。

1991年，在苏联解体的前几周，莫斯科迫不及待地想得到西方资金和技术来开发新油田，于是派官员与加利福尼亚标准石油公司接洽。加州石油刚刚吞并了石油“七姊妹”之一的海湾石油，并把合并后的新公司命名为“雪佛龙”。苏联很快便授权雪佛龙开采田吉兹油田。

该油田是1979年苏联地质学家在里海北岸发现的。初步勘探表明，其原油储量约250亿桶，是阿拉斯加普拉德霍湾油田的两倍多，但油层埋藏极深，距地面约5000米，地表处还有近900米厚的盐层。苏联人光探井就打了十几口，花费了10多亿美元，最终发现必须进口西方技术，这对财政上捉襟见肘的苏联政府是一个极大的难题。[9]

1990 年 7 月，西方七国集团首脑会议在休斯敦最著名的莱斯大学举行

与雪佛龙签署的临时协议在苏联国内备受诟病，批评的声音指责政府与雪佛龙搞秘密交易。《莫斯科新闻报》称协议“肮脏无耻，把苏联富饶的油田拱手相让”。[10]这话说得一点也不假。

苏联解体后，该协议不了了之，田吉兹划归独立后的哈萨克斯坦，领导人是曾经的苏共官员纳扎尔巴耶夫。1993 年，雪佛龙成为哈萨克斯坦首家外资企业，与哈萨克斯坦国家石油和埃克森美孚合资组成了田吉兹雪佛龙公司（TCO），洛克菲勒旗下的两家公司占股权的 75%（雪佛龙 50%，埃克森美孚 25%）。雪佛龙是第一家把手伸到曾经的苏联境内的西方石油巨头，通过合资控制了田吉兹和

1979 年发现的田吉兹油田于 1994 年投入开发，2005 年石油年产量达 1360 万吨

科罗廖夫油气田，二者的可采石油少说也有60亿至90亿桶。[11]

哈萨克斯坦政府资金短缺，雪佛龙抓住这个软肋，与其签署了《产品分成协议》(PSA)。对玻利维亚、印尼等第三世界国家，美国石油公司没少用这一手。雪佛龙在协议的内容上可谓机关算尽，虽然承诺在田吉兹投资200亿美元，却把期限定为40年。更有甚者，雪佛龙还提出，如果油田日产量达不到25万桶，就拒付4.2亿美元的前期投入。[12]事实上，直到油田铺好管线并向西方出口获利，雪佛龙才假惺惺地投了点钱。用其高层的话来讲，拿下田吉兹就如同发现了稀世蓝钻“希望之星”。[13]它们的目的就是独霸田吉兹，以备不时之需，顺便把俄罗斯等潜在对手拒之门外。

车臣战争真相大白

搞定哈萨克斯坦之后，华盛顿和美英石油巨头的下一个目标就是里海之滨的传统油气重地巴库，那里的石油对美国利益集团来说始终是心腹之患。

初步勘探表明，里海周边原油储量巨大，很可能像地质学家所言，成为“另一个沙特”。[14]控制了这里的石油，无疑就等于控制了欧亚大陆的未来。要把巴库的石油运到潜在的市场，必须通过苏联时期在车臣境内修建的管线。车臣是俄罗斯加盟共和国，在高加索山脉北侧，与格鲁吉亚为邻，人口不到50万，以穆斯林为主。车臣叛乱无疑有利于华盛顿的地缘政治目标，因为对外界而言，巴库石油经车臣外运究竟是否安全，将要打一个大大的问号。

车臣非法武装宣布独立后，俄罗斯军队随即与之展开激战。西方主要媒体却颠倒黑白，说这是争取民族自治的车臣穆斯林与信奉东正教的俄罗斯之间的冲突，把战争简单归咎于长期的民族仇恨。其实，车臣战争的背后就是美俄斗法，双方的目的都是控制当前及今后可能的输油线路。

眼见对中亚的争夺白热化，美国－阿塞拜疆商会（USACC）于1995年在美国成立，美国政府对里海地区的政策多出于此。《华盛顿邮报》对该商会的评价是，“在争取政府投资阿塞拜疆”问题上的影响力首屈一指。[15]该组织对控制巴库地区的地缘重要性了然于胸，其名誉顾问阵容强大，有前总统国家安全事务助理前三边委员会主席基辛格、20世纪80年代初扶植阿富汗游击队进而搞垮苏联的关键人物布热津斯基，还有前国务卿贝克、前总统国家安全事务助理斯考克罗夫特、时任军工巨头哈利伯顿董事长的切尼以及埃克森美孚、英国石油公司等美英石油大亨。

苏联解体后，中亚和高加索地区一片混乱。为了对俄罗斯在该地区的油气管线施加影响，中情局怂恿恐怖分子和宗教激进主义分子潜入车臣和毗邻的达吉斯坦兴风作浪，负责出钱的据称是沙特。

车臣领导人宣布发动叛乱，叛乱分子声势浩大，国外尤其是中东产油国的资金、武器滚滚而来，宗教激进主义分子更是闻风而至。[16]

从20世纪40年代开始，沙特王室就投靠到美国门下。当时沙特已探明原油储量居世界之首，在罗斯福总统的授意下，洛克菲勒的标准石油成立了阿美石油公司，旨在对此加强控制。班达尔王子是沙特国防部部长之子，从1983年开始任驻美大使，是布什家族的座上宾。他与美英军工企业过从甚密，从五角大楼购买了数十亿美元的武器，其中还包括先进的预警飞机。[17]从那时起，沙特出钱、美国出招的模式就延续至今。

苏联解体后，沙特的精英们认为有机可乘，决定把宗教激进主义分子势力引入苏联境内，以削弱那里的石油生产能力。在苏联入侵阿富汗的10年间，美国从中东、北非、南高加索以及南亚等地区招募了数万名宗教激进主义分子，给他们提供资金和武装，然后送往阿富汗。正如詹姆斯·彼得拉斯所言：“阿富汗战场上不乏车臣叛乱分子的身影。现在来看，美国在阿富汗的策略得不偿失，虽然重创了摇摇欲坠的苏联，但也训练出了数万名一呼百应的宗教激进主义分子。这些人武装精良、训练有素，一部分在沙特等国家扎根，成为美国的死对头；另一部分则甘当美国帝国战略的帮凶，在‘肢解’南斯拉夫和苏联的过程中发挥了作用。”[18]

车臣地区传统上属苏菲教派，但沙特瓦哈比教派在那里的影响越来越大，一旦发生战事，就会让世俗的俄罗斯政权难以招架。[19]莫斯科对此万分警觉。1991年，车臣宣布独立，莫斯科担心若不进行强力干预，会在俄境内其他地区引发连锁效应。

与俄罗斯不同，美国－阿塞拜疆商会对通往里海的输油管线则另有考虑。它希望的路线是从巴库出发，经格鲁吉亚首都第比利斯，最终到达北约成员国土耳其（当时土耳其仍是美国地缘政治的可靠伙伴）。[20]之所以要耗巨资修建巴库－第比利斯－杰伊汉线，理由就是车臣政局“不稳”。但是，对于中情局搞乱该地区的事实，该商会却只字不提。

进军车臣的俄罗斯军队

华盛顿“垂帘听政”

车臣分裂势力领导人巴萨耶夫手下不少是外籍叛乱分子，华盛顿利用这些雇佣兵为所欲为。借刀杀人对华盛顿来说那可是轻车熟路，其后几年在中亚地区不断上演。

在中亚地区，美英石油巨头蜂拥而入，说的都是甜言蜜语，但心里盘算的都是石油。当时，俄罗斯要把里海的石油运往国外，只有经过车臣的一条管线。美国中情局曾在阿富汗训练了一批叛乱分子，这时也被悄悄地送入车臣，加入了巴萨耶夫领导的叛军。

巴萨耶夫绰号“高加索之狼”，因对平民发动恐怖袭击而声名狼藉，最血腥的一次是在北奥塞梯共和国别斯兰市，他在一所学校劫持人质，致使 300 多人死亡，其中大部分是学生。巴萨耶夫对俄军的游击战手段残酷，并多次挟持平民作为人质，目的就是迫使俄罗斯从车臣撤兵。

美国一心想把俄罗斯巴尔干化*，支持车臣独立是其中一步。[21] 1995 年，约旦籍车臣人希沙尼成立了叛军，率领一批叛乱分子加入到车臣反对派阵营。

有了约旦人的资金支持，叛军建立了“车臣高加索中心”，不断扩大势力范围。这个训练营培训了数百名车臣武装分子，不但训练军事技能，而且灌输激进主义思想，重点放在如何声东击西来发动恐怖袭击。训练营还受到一个名为“国际支持车臣”组织的慷慨援助。[22]“自由之家”是美国的一个鹰派组织，受华盛顿资助。该组织在 1999 年成立了所谓的“美国车臣和平委员会”，对时任俄总统普京在车臣的清剿行动横加指责，美国政府不方便说的话都由他们代言。虽然名为和平委员会，成员中不少却是彻头彻尾的鹰派人物，像中情局前局长詹姆斯·伍尔西和

---

* 巴尔干化（Balkanization）指地方政权等在诸多地方之间的分割及其所产生的地方政府体制下的分裂，即“碎片化”（Fragmentation）。原指巴尔干地区由于没有一个可以独当一面的民族和国家或者实体，再加上外国势力的干预，而使得该地区成为局势紧张的“火药桶”。后指一个地区没有强大的力量维护该地区的所有权，再加上该地区重要的战略和经济地位，于是成为许多对象争夺的焦点而致使局势紧张。——译者注

前总统国家安全事务助理、美国－阿塞拜疆商会的布热津斯基。此外，还有一些极端的新保守主义分子，像理查德·珀尔、艾略特·艾布拉姆斯、迈克尔·莱丁、威廉·克里斯托尔，他们后来都被招致以穷兵黩武著称的小布什和拉姆斯菲尔德麾下。为了扩大公众影响力，这帮人甚至还拉上了好莱坞影星理查德·盖尔。

颇为讽刺的是，车臣恐怖分子与普京政权作对，这帮人欢呼雀跃；但对于基地组织的恐怖分子，他们却打出“道义”的大旗，不遗余力地加以保护。[23]

车臣分裂势力头目阿哈多夫一度在车臣走投无路，布热津斯基的车臣和平委员会立即伸出援手，帮他到美国寻求政治庇护。如出一辙的是，车臣恐怖组织的一个重要头目遭俄罗斯通缉，英国政府马上为其提供政治避难。[24]美英政府对付俄罗斯的底牌非常明确，只可惜与和平和友谊毫不相干。

苏联解体后，控制中亚的石油成为美国煽动车臣叛乱的根本缘由，也是中亚地区动荡不堪的导火索。鉴于从巴库到乌克兰的唯一石油管道经过车臣，而且车臣首府格罗兹尼有苏联时期建成的一个大型炼油厂，莫斯科把制止车臣分裂看作是确保里海石油外运的关键。华盛顿对此心知肚明。一方面，在暗中扶植车臣叛军并且拉上沙特埋单；另一方面，千方百计要绕开车臣修一条通往里海的新管线。

西方策动车臣战争，意在搞乱俄罗斯，这一目标在叶利钦执政时期基本已经实现。一旦经格鲁吉亚到土耳其的替代管线完成后，车臣之乱背后的资金马上断了来源，外来的叛乱分子也很快销声匿迹。原因很简单，西方做梦都想削弱莫斯科对高加索地区输油管道的控制，这一目的已经实现。[25]

1994 年，美国调转炮口

就已探明的原油储量而言，苏联居世界之最。华盛顿的战略就是趁苏联解体、华沙条约组织解散之际浑水摸鱼。所以，打着民族矛盾的幌子煽动车臣战争、用雪佛龙和埃克森美孚控制哈萨克斯坦的巨型油田，这些都是柏林墙倒塌后美国的头等大事。

围绕苏联国家的经济重建，国际货币基金组织力推私有化，尤其是帮助西方控股那些大型油气企业，俄罗斯首富霍多尔科夫斯基的尤科斯石油公司就是典型的例子。尤科斯的西方大股东是罗斯柴尔德家族，那是英国银行业的老大，在美英金融体系中举足轻重。

雪佛龙、埃克森美孚等美英石油巨头以及他们背后的金融机构，与政治势力沆瀣一气，目的并非是满足美国巨大的能源需求，这其实根本不是问题。美国是要真刀真枪地控制全球已知的主要石油产地，让可能威胁其霸权地位的国家对石油可望而不可即。这对美国维持霸权具有至高无上的战略意义，五角大楼 1992 年的《国防规划指南》对此体现得淋漓尽致。

然而，人算不如天算。1994 年发生了两件看似毫不相干的事情，让华盛顿和洛克菲勒等大惊失色。一是在美国圣菲召开的研讨会上宣读的一篇科学论文；二是中国首次从石油出口国变成进口国。围绕二者可能产生的长期地缘政治影响，华盛顿暗流涌动。

第三部分

峰值之争

第九章

横空出世：

俄罗斯石油新理论

A New Russian Revolution

第二次世界大战后，苏联领导人斯大林认识到石油独立的重要性，于是制定了以独立研究石油理论和石油勘探、开采方法为内容的大型科学计划，堪比“曼哈顿计划”。经过40年研究，俄罗斯和乌克兰科学家通过1994年的一次科学大会，向西方公布了他们惊人的理论研究和实践成果。这一成果彻底颠覆了西方主流石油成因理论，推翻了西方传统理论所认为的石油来自古生物遗骸并只存在于烃源岩中的说法。他们在更深的结晶质基底岩石构造中找到了石油，这意味着在任何生物遗骸都不可能被埋藏的古老地层中都有可能找到储量丰富的石油。石油的真正来源是地壳深处的无机物质，取之不竭。俄罗斯科学家的研究成果自然不被西方所接受，因为一旦承认这一成果，以石油控制世界政治经济的美英石油集团将彻底失去手中的王牌。

石油理论革命

1994年8月，一场非同寻常的科学大会在美国新墨西哥州圣菲市召开，西方的传统石油生成和勘探理论，遭遇了一场“滑铁卢”。

大会主办方是一个非营利性机构，名称又长又复杂——“地球大陆壳钻探观测采样组织”，简称DOSECC。它有57个机构成员，囊括了全美国所有大学中该领域最强的科学院系。“同地下勘探和控制技术有关的、科学和社会两个层面上的重要问题”，无论是关于领导能力还是技术支持，都被这个机构宣称为自己的职责。[1]

1994年，冷战虽已结束，“后冷战”氛围却依旧浓重。尽管如此，到会的俄罗斯和乌克兰的科学家却仍然满怀科学热情。他们来到美国，满心想和同行们分享他们开创性的研究成果——在理论上不可能有石油蕴藏的地方，他们找到了石油[2]。对于身为同行的与会者来说，这无疑是一个颠覆性的、百年一遇的科技成果。毕竟，大家共同的职业目标，不就是寻找埋藏在地壳中的碳氢化合物——石油和天然气吗?

西方地质学理论一直认为，石油这种碳氢化合物的来源是古代生物的遗骸。在经历了一个化石化过程后生成石油，并且只存在于一种特殊的地质构造——“烃源岩”中。所以只有找到“烃源岩”，才能找到石油，凡是不存在“烃源岩”的地方，就不会有石油。但是，俄罗斯人苦干了45年，在属于结晶质基底岩地质构造的乌克兰盆地发现并打出了石油和

石油有机说断面图

天然气，而那里是西方地质学理论认为根本不可能存在化石能源的地方。

在大会上作这份报告的是基辅的乌克兰科学院地质科学研究所石油勘探部主任、俄罗斯科学家克拉尤什金教授他提出了一个全新的理论假设：石油和天然气的形成，同古代的生物物质无关，西方理论所说的生物遗骸深埋、化石化过程，都是不正确的。石油的真正来源是距地面大约 200 千米深处的地幔上层的无机物质，即非生物物质。唯有这个理论成立，才有可能在结晶质基底岩那样的地质构造中找到石油——非生物物质来源的碳氢化合物。

从 1990 年开始，苏联、后来是俄罗斯科学家开始在第聂伯－顿涅茨盆地进行勘探钻井，5 年中共打井 61 口，其中有 37 口井获得了可商业性开采的油流，成功率达 60%。要知道，商业性钻井的预期成功率也只有 30%。打探井能打到有 60% 的井出油，是一个非同寻常的成功。

在出油的 37 口井中，有几口深达 4 千米，日产原油 2600 桶，按 2011 年的油价计算，相当于每天产生 300 万美元的价值。[3] 而德克萨斯西部佩尔米安油田宽 400 千米、长 480 千米，从 20 世纪 20 年代被发现以来，已经产油 50 亿桶，其井深在 720 米至 2550 米之间。阿拉斯加的普拉德霍湾油田是北美最大的油田，其平均井深 2700 米。

弗拉基米尔・库切罗夫教授是俄罗斯石油非生物生成理论的代表人物之一。他介绍说，位于乌拉尔－伏尔加地区鞑靼斯坦共和国境内的罗马什基诺油田是西西伯利亚油田之外的最大油田之一，其井深达 14700 米。在这样深度的地层中，几乎不太可能发现恐龙遗骸。[4]

如果这一切都是真的，那么对于整个石油科学界来讲，无异于平地起惊雷！

然而，面对具有颠覆力量的新事物，历史上相似的场景总是在重演。1633 年，宗教裁判所拒绝了伽利略的新科学理论；1994 年，西方地质学界也同样不肯接受苏联科学家提出的石油生成新理论。当年的一位与会者曾透露，面对克拉尤什金报告中的爆炸性内容，整个会场的听众竟然无动于衷。

石油源自地球深处

克拉尤什金还报告了一个至关重要的科学证据：俄罗斯科学家对第聂伯－顿涅茨盆地的石油也做过详细的细菌学研究，即寻找“生物标记物”——卟啉分子。如果石油的确源于生物遗骸，就应该含有这种生物标记物。长期以来，西方科学家也是一直在用“生物标记物”来证明他们的石油生成理论。但是，即使在百万分之一（ppm）的水平上，俄罗斯科学家也没有找到任何生物标记物。[5]

通过分析较浅地层的石油中微量孢子花粉等物质，俄罗斯科学家认为，埋藏较浅的石油，是从更深处的油田向上浮动而来的。埋藏在所有不同深度的石油，同享一个很深的源头，它们的不同特性，取决于碳氢化合物扩散分离的路径，与储油层岩石的年龄、类型和周围环境无关。俄罗斯科学家用详细的科学检验证明，石油和天然气都来自更深的地下，即使埋藏在接近地球表面较浅地层里的石油，也和更深处的石油一样，来自同一个很深的源头。[6]

俄罗斯和乌克兰科学家确认，构成石油、天然气、煤炭甚至钻石基础的碳和氢的各种分子——碳氢化合物，其根源位于地球表面约 200 千米的地方，甲烷和甲烷混合物就生成于这个地方。甲烷混合物在高温高压下通过他们所称的“迁移通道”被垂直向上挤压到地球表面。这些迁移通道被描述为 70 千米至 100 千米深的断层，它们呈垂直状，形成通向地表的最短路径。[7]

在向地表迁移过程中，碳氢化合物通过所谓的“催化区域”，也就是地表下 10 千米至 15 千米深的区域。在这个区域，碳氢化合物在镍和铁的作用下，发生催化变化。石油和天然气自发生成于距地表约 200 千米的地幔上层，然后油气被挤压到地球表面，储藏在沉积岩中，沉积岩上的盖层岩阻止了油气进一步向上流出，从而形成了油气储藏。[8]

俄罗斯非生物生成论地球物理学家和西方化石燃料说地质学家都在同样的沉积岩中找到了油。然而，正如“盲人摸象”，有人摸到象尾就以为是蛇，西方地质学家只根据片面的所谓“证据”，就确信石油是几千万年前产生于地表、后来被埋到地下的化石燃料。

俄罗斯科学家的石油天然气成因新理论，与西方传统理论有天壤之别。这个科学家团队的成员都获得过乌克兰国家科技奖章，都在基辅地质科学研究所供职。[9]

这一新理论具有颠覆性意义，它是在地球物理学上对地球及其内在动力学完全不同的阐释，意味着整个地球蕴藏着丰富的石油。这当然是法力无边的美英石油巨头和华尔街银行家不希望听到的。

俄罗斯和乌克兰科学家提出的这一石油成因新理论，本应导致一场颠覆性的科学风暴。但是，如果接受这个新理论，那么对于坐在圣菲会议厅的美国地球科学家来说，他们终身所从事的专业工作的“科学”基础将是一个错误，甚至更糟，这个基础里还可能包含着公然的科学骗局。

地球石油蕴藏丰富

对于苏联在冷战时期坚持了 40 年之久而得到的这项研究成果，西方基本上一无所知。西方理论一直认为，石油是生物遗骸经历堆积、高压和化石化，经过几百万年的时间，才生成了数量有限的石油和天然气，并且恰好聚集在一个位置适当的盆地里，等待人们去发现，这种能源被称作“化石能源”。而俄罗斯科学家指出，石油不是什么化石能源，根本不是来自藻类、浮游生物或恐龙的遗骸。石油来源于地壳之下、在地球深处的地幔上层生成。靠近地表的石油是被压力挤上来的。俄罗斯科学家的理论与西方的石油生成理论大相径庭。

克拉尤什金教授的报告，令西方科学家暗地里惊诧莫名。如果原油真正是在地球深处生成的，那就意味着，在很多很深的地层中，在任何生物遗骸都不可能被埋藏的古老地层中，甚至在有5亿年以上地质年龄的地质构造里，都有可能找到非常丰富的石油。如果我们能够正确地了解地球的物理构造，那么即使在过去被认为完全不可能有油气贮存的地区，也能找到石油。

石油真正的来源之谜是一个非常吸引人的基础科学问题，因为石油是世界上最重要的能源。但是，全场的美国科学家对克拉尤什金的报告保持沉默。大部分人假装什么都没听见。不管克拉尤什金扔什么样的重磅炸弹，预期的大辩论都没有发生。

乌克兰科学家挑战的不是科学之谜，而是美国科学家事实上的攻守同盟。这个同盟的历史源远流长。西方需要一点时间，需要稳住阵脚，然后再回应这个理论挑战。

西方的第一个回应，是导演反制性“石油峰值”理论的大规模舆论战和宣传战。它向业内地质学家提供石油公司的“内部”数据，以此证明，世界各地的大油田已经达到或接近峰值，产油量下降，石油时代即将终结。它使出种种伎俩，让俄罗斯和乌克兰科学家关于石油起源的严肃、科学的讨论遭到冷遇和嘲讽。第二个回应，是美国急剧扩大了军事行动的规模，对分布在全球的已知石油资源，进一步加强掌控，竭力制造“石油枯竭”恐慌。

“无油之地”也有油

在乌克兰的顿涅茨盆地发现石油，意义极其深远。事实上，俄罗斯人在西方人认为无油的每一类地区，都找到了石油，其成功意义远远超出事件本身。它颠覆了西方的，特别是美国和英国的地质学理论。

1990 年 1 月，克拉尤什金曾在写给一位美国传媒教授的信中写道：

> 顿涅茨盆地西部的 80 个储油或储气地点，部分或者全部属于结晶质基岩构造。在耶利－伊盖和马洛－伊特什斯科耶油田，所有开采出来的油气，都来自上述结晶质岩石带，位置在结晶质基岩向下 800 米到 1500 米深处。[10]
>
> 在鞑靼斯坦，编号为“诺伏耶尔克霍夫斯卡亚第 20009 号”的油井正在钻进，开钻时间是 1989 年 11 月，目标深度 7000 米，地点位于南鞑靼斯坦前寒武纪构造的拱形地带。目前已钻至 4700 米左右。在 1845 米处发现，该钻井点位置为结晶质基底岩层的拱形构造顶部。明显的油气显示出现在 4500 米深处及以下，该处地质为花岗石岩层。[11]

在花岗石岩层及结晶质基底岩层（相当于花岗岩）中找到石油，否定了西方的一切石油勘探理论。钻井深度达到 5000 米乃至 7000 米，更是令西方无法想象。在西方石油理论的视野里，这一切完全不可能发生。但在俄罗斯人的科学实践中，却将不可能的事情办到了，而且屡屡成功。

克拉尤什金给美国记者写了那封信的 20 年后，鞑靼斯坦政府的官方网站报道：位于诺伏耶尔克霍夫斯卡亚的油田已是鞑靼斯坦最高产的油田之一，而且原油已经成为“鞑靼斯坦最主要的财富”。[12]

苏联人帮越南找石油

1975年，美国历史上最丢脸的越南战争失败。当最后一名美军士兵撤离越南后，苏联石油科学家就开始同越南人合作，在南海寻找石油。在美国放弃西贡之前，美孚石油公司也曾在白虎盆地（Bach Ho）找过石油。

1987年5月，苏联与越南合资的石油开发公司——越苏石油公司（Vietsovpetro）在白虎盆地的花岗岩层中打出了石油。越苏石油公司的油井，一直打到5000米深处，直达坚硬的花岗石基岩。[13] 白虎油田平均井深超过4830米。2003年，白虎油田和近海油田，日产石油高达33.8万桶。这些油井全都是苏联人打的。

西方传统地质学理论坚持认为，任何一种地质构造，如果从未上升到地球表面，就不可能有石油。因为古代的动植物只能生长于地球表面。但是，苏联科学家用事实证明，石油偏偏就存在于基底岩地质构造中。[14]

面对这个事实，西方地质学家很快抛出一个挖空心思想出的“理论”：花岗石基底岩构造中的石油，是从近旁的沉积盆地“漏”过去的。他们就是用这种无证据的怪论，彻底屏蔽了科学上的新发现，因为那个发现令他们尴尬，更令他们恐慌。[15]

斯大林的“曼哈顿计划”

第二次世界大战的经验告诉斯大林，石油匮乏是德国战败的关键原因之一。在现代的机械化战争中，决不能没有石油。要打胜仗，就必须控制石油。在战场上，德军总参谋部直到败局已定时，才认识到这一点，但已于事无补。

1946年，第二次世界大战的硝烟刚刚散去，英国首相温斯顿·邱吉尔就在美国密苏里州的富尔顿，发表了著名的“铁幕演说”*，向全世界发出了一个清晰的反苏信号。斯大林心知肚明，苏联与西方的关系，不会因战争结束而拉近，只会变得更加敌对，因为温斯顿·邱吉尔已经挂上“铁幕”，美国对苏联实施军事包围的计划已经启动。

1949年，美国总统哈里·杜鲁门是激烈的反苏派，早在美苏两国在第二次世界大战期间的反德同盟余温尚存时，他就组建了针对苏联的北约。1950年，朝鲜战争爆发，华盛顿加速了军事行动，并且把那场战争的全部责任归咎于莫斯科。

这一切促使斯大林下定决心，要让苏联和盟国摆脱西方的石油控制。石油安全就是国家安全，苏联一定要找到能够自给自足的石油和天然气。为此，斯大林发动了一个规模堪比“曼哈顿计划”**的大型科学计划：独立自主地研究石油理论和石油的勘探开采，包括石油成因、石油在地下的移动和聚集以及最好的勘探和采油方法。

苏联科学家出色地执行了斯大林的“曼哈顿计划”。苏联从1946年就开始了独立的石油科研工作。在冷战正酣的20世纪50年代之初，苏联科学界已经开展了跨学科合作。各个领域中最有声望的科学家，包括大量的物理学家、地球化学家和地质学家，都在为这个共同的目标工作，其中有尼古拉·库德里亚夫采夫、珀尔弗耶夫、克鲁泡特金等人。为了建立新的石油成因理论，证明一个新的假说——石油来源于地层深处，而并非在浅层沉积盆地和“烃源岩”中产生，他们争论了几十年。

1951年，一篇极其重要的论文是石油新成因理论诞生的标志。文章作者是库德里亚夫采夫教授，题目是《驳石油生物成因之假说》，发表在苏联的《石油经济》杂志上。[16]由于当时冷战正酣，论文仅以俄文发表，没有其他语言的版本。

---

* 1946年3月邱吉尔发表的“铁幕演说”被认为是冷战序幕正式拉开的标志。——译者注

** 曼哈顿计划，指美国陆军部于1942年6月开始实施的利用核裂变反应来研制原子弹的计划。为了先于纳粹德国制造出原子弹，该工程集中了当时西方国家（除纳粹德国外）最优秀的核科学家，动员了10万多人参加这一工程，历时3年，耗资20亿美元，于1945年7月16日成功地进行了世界上第一次核爆炸，并按计划制造出两颗实用的原子弹。整个工程取得圆满成功。——译者注

在苏联科学家的语言中，这一理论叫作“俄罗斯－乌克兰现代石油理论——地壳深处非生物源石油成因论”。1951 年，库德里亚夫采夫的论文发表后，直到 1965 年，在苏联国内一年一度的全苏石油和石油地质大会上，始终在讨论这个石油新成因理论。化学家、物理学家和热力学家参与了这场持久的、热烈的科学讨论，大量实际的观测数据被采用。在长期激烈的辩论和严格的质疑中，苏联科学家一步一步证实了这个新理论。

冷战开始以来的 40 年，在苏联的杂志和书籍上，苏联科学家针对石油生成开发理论发表了 1000 多篇科学论文。他们最终证明：石油的来源不是生物性物质，石油不是化石能源，石油是非生物性能源。[17]

严肃认真的科学研究，通常从质疑现成的基本假说开始。苏联的研究工作也是这样做的。他们提出了一个问题：西方地质学的主流假说——化石能源说，究竟起于何时何地？石油到底来源于何处？

然而，西方石油地质学界却从来不问这个问题，连普林斯顿大学都是如此。俄罗斯科学家追根溯源，后来竟意外地发现，第一个提出“生物遗骸化石化”石油成因说的人，原来是个俄国人。这真是非常有讽刺意味。

那位俄国科学家叫米哈伊尔·罗蒙诺索夫。1757 年，他曾这样对圣彼得堡科学院表示：“岩层中被埋藏的小型动物残骸，在漫长的年代中，会在地下遇到逐渐升温和升压的地质条件，然后可转化为岩油（即现在所称的石油或原油）。”[18]

多位俄罗斯科学家指出，这个“罗蒙诺索夫假说”，即正统的石油生成理论，从来没有受到过任何质疑。因此，那不过是两百多年前的一个“设想”。罗蒙诺索夫很有想象力，比如他能想到岩油（或者石油）从“生物遗骸化石化而来”，不幸的是他还有点不求甚解，从未花时间去深究自己提出的设想。

多年之后，西方世界把这个“罗蒙诺索夫假说”接了过去。用它来建构石油是“有限资源”的理论，非常方便适用，把它当作高油价的幌子，用起来也很顺手。

苏联科学家们发现，罗蒙诺索夫假说不能解释一个重大疑问：为了生成已知的石油，需要在地下埋藏多少动植物的残骸？以从沙特阿拉伯的地底下抽出地面的碳氢化合物为例，仅仅为了产生沙特阿拉伯盖瓦尔一个油田的石油产量，就“需要一个长宽高各约为15千米的立体空间，把里面填满恐龙肉”！更何况除了沙特阿拉伯，世界上其他地方还有很多巨大的油田。

美国人弗莱彻·普劳蒂*是个石油精英的“圈内人”。他在20世纪70年代美国能源危机期间，很深入地研究了能源问题。他也说过：“即使把地球上曾经生活过的所有植物、昆虫和动物都堆在一起，也无法生成已探明的那么多的石油储量。从生物物质里，哪能挤出那么多的油？”[19]

石油的生物化石生成理论，是科学史上一个最大的谬误。这个谬误早已被严格的科学研究揭穿，但是冷战一度阻止了信息的流通，在西方世界并未引发对石油生成理论更广泛的质疑。[20]

另外，苏联人早在20世纪60年代就发现，生成短链碳氢化合物分子所要求的压力和地幔层的压力相等。1967年，苏联科学家契卡留科发表了一篇重要的文章。他指出，石油是在地幔里不断生成的，并通过断层或者迁移通道，被挤压到地壳的浅层。

契卡留科的文章中写道：

> 当从甲烷到石油的转化过程在地下深层的封闭构造中发生时，由于地幔层物质的体积会缩小，地壳会发生下沉，这就为地下深盆地的生成提供了条件。该盆地的大小应与地层中石油蕴藏区域的规模和大小相一致。然后，在深层盆地的地表会有积水、有沉积物堆

---

* 弗莱彻·普劳蒂（1917–2001），著有《秘密团队：美国中央情报局及其盟友控制美国和世界》（The Secret Team: The CIA and Its Allies in Control of the United States and the World）。他曾在美国空军服役，以上校军衔退休，曾经直接负责美国军方为中央情报局全球秘密行动而特设的军事支持系统。——译者注

积，增大了的地质压力进一步促进碳氢分子增大和缩合，同时促使地壳进一步下沉。[21]

乌克兰科学家索赞斯基是这样解释的：

组成天然石油的碳氢化合物，只有在地壳深处和地幔的上层部位，即压力足够高的地方，才能自然生成。天然石油是一种成分简单、非生物性质的液状物，通常都是从地球内部的极深位置，通过地壳中的断层，上升和蔓延到地壳浅层地带的。[22]

石油比水轻。但是，石油总是在水层之下被发现！苏联科学家指出，石油所在的位置，远远深于一切地质构造中的沉积盆地——这一点早已被证明，因此石油必定是在地下深处受到巨大压力的挤压向上运动的，直到接近地表存水的沉积盆地，否则就无法解释为何“水层在油层之上”，难道石油能够“沉”到水下去吗？俄罗斯的石油生成新理论，是不是比相反的解释更合理？

西方地质学界无视这一切，坚持不改口。他们坚持说：只有他们所说的沉积盆地，才是唯一能把生物遗骸转化成天然气和石油的地质构造。

石油可以“再生”

乌克兰科学院的索赞斯基教授指出：“我们的研究显示，大部分石油天然气田都是一种自动补充系统。来自很多地区的数据表明：被开采的油气田显示了持续的油气补充。”[23]这是从苏联科学家坚持数十年的石油成因研究中得出的最令人感兴趣的判断。

当然，埃克森公司、英国石油公司和五角大楼，谁也不希望这件事被公众知晓！

索赞斯基引用过很多有案可稽的信息，说明石油流可以从地层深处补给浅层油田。有些被认为已经枯竭的油田，多年之后获得新生，恢复了商业采油，这证明了油田的确能够从地层深处的储油层得到补充。车臣就有很多浅层油井停产后又重新采油的实例。在美国，从 1971 年开始开采的鹏斯公司的尤金岛第 330 号油田，20 世纪 80 年代的产量曾急剧降至每日 4000 桶，但不久后产油量又飞升至日产 13000 桶。该油田的估计储量也从 6000 万桶提高到 4 亿桶。如果不接受俄罗斯的石油成因理论，就无法解释这个现象。索赞斯基还注意到，设在墨西哥湾的拉蒙特·多尔蒂地球物理观测站，也对石油储量的动态性补充进行过研究。

索赞斯基特别指出，如果接受苏联的石油成因理论，接受石油是持续地、自发地在地幔中产生，并被挤压到地壳的上层，那么即使是做非常保守的估计，地球上潜在的石油和天然气资源，至少也是当下流行的化石能源有限假设所认定数量的“800 万倍”。他最后说道：“地球上有巨大的石油储量，足够满足未来几千年的人类需要。”[24]

石油问题分析专家、鹿特丹的伊拉斯姆斯大学教授彼得·奥德尔曾经说过：

> 对世界长期能源供给所做的一切研究，都从未质疑那个 18 世纪的假说——生物物质在地壳内的高压高温下化石化。实际上，这一假说缺乏根据。我们不得不提出一个忠告：在这个理论基础上所做的研究，结果全都是经不起推敲的，或者干脆是不成立的。
>
> 50 年前就有了另外一种石油的非生物性成因理论，为开发更多的油气提供了依据。苏联各加盟共和国接受这个理论……现在非生物石油成因理论被更多的人所接受……人们提出，中东油田也许能够“永远”产油，墨西哥湾的石油和天然气田，能得到地下油气来源的补充。更有人提出：“所有的超大油田，它们以自己的存在证明，新的石油成因理论是合乎逻辑的，只要看一看已开采的碳氢化合物的总量，我们就能明白，无论地下的沉积层中埋了多少有机物质，也根本无法生成数量如此巨大的石油。”[25]

奥德尔与苏联最有声望的石油科学家看法一致：石油应该被看作一种“可再生能源”。

奥德尔特别强调：

> 石油和天然气只剩下最后一点储量的说法以及随之而来的、日益沉重的担忧，现在似乎都可以解除了。我们应该给碳氢化合物——石油重新下定义，并把它看作实质上可再生的重要资源，人类任何一种可能的发展所需要的石油都是足够的：这个可能性已经出现在我们面前。石油和天然气来源于地壳深处地幔层中的非生物物质，是特定热力条件下的化学反应生成物。如果已开发的油气田能够无限期地保持源源不断的产出，那么开采费用就不会再增加了。
>
> 当人们需要评估能源供应的前景时，在错误的石油生物成因理论下，无论是石油的估计储量、储量与开采的比率，还是每年新探明和增加的储量，都不足为凭。实际上，关于石油和天然气的未来以及迄今为止提出过的一切模模糊糊的说法，可能很快就不再有任何意义了。[26]

俄罗斯提出的石油生成新理论，威胁了第二次世界大战后崛起的美英石油霸权。虽然这仅仅是一个科学理论，但它的影响力让石油巨头感到深深的恐惧。如果允许这个新理论确立起来，那么当中国、巴西、印度、巴基斯坦、土耳其等国家，今后为了保证本国现代经济发展的需求，而独立开发自己的基础能源时，华盛顿控制它们的地缘政治杠杆就不复存在了。

美国必须作出强有力的反击。果然，美国著名杂志《科学美国人》，很快就刊登了一篇重磅文章。随后是长达数十年的战争——美国为石油而发动的全球地缘政治战争。在这场战争中，阿富汗和伊拉克首当其冲。

这一切都在预料之中。

第十章

反攻倒算：

石油峰值谎言死灰复燃

Big Oil Counterattacks: Hubbert's Peak Revived

为反击俄罗斯科学家颠覆性的石油生成理论，继续维护其石油霸权，美英石油集团故伎重演，很快推出两名地质学家坎贝尔和拉埃勒尔，利用他们的身份在知名媒体上继续宣扬石油稀缺理论。他们联名发表了《廉价石油的终结》，指出石油短缺的严重危机正在逼近。为这一论调摇旗呐喊的还有切尼的银行家密友西蒙斯，他撰写了《沙漠黄昏》，断言石油蕴藏丰富的沙特正在减产，鼓吹石油峰值论，为正在飞涨的油价正名。他们都对自己拥有“科学”依据言之凿凿，但对这些依据却从来都秘而不宣。坎贝尔一边危言耸听，一边还预言石油可能带来战争。一切都早有设计。后来，小布什政府果然发动了对伊拉克的战争。这一切都只是时任美国副总统切尼能源战略的一部分。

不跟你讲科学

关于石油理论的颠覆性革命已经发生，显然，石油无机成因理论更胜一筹。美英石油卡特尔必须反击。

他们首先推出两个人打头阵：一个是科林·坎贝尔，爱尔兰地质学家，曾任职于德士古石油公司；另一个是让·拉埃勒尔，也是地质学家，任职于法国道达尔石油公司。两家公司都在世界上最大的石油公司之列。

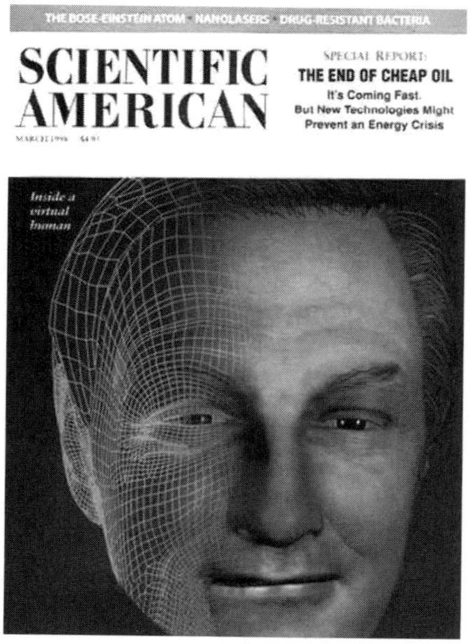

《科学美国人》1998 年 3 月刊

一番精心安排之后，这两位地质学家一起去了一家瑞士石油工业咨询公司任职，公司名称为“石油顾问”（Petroconsultants）。随后，两人就在发行量很大的《科学美国人》1998 年 3 月刊上，联名发表了一篇卷首论文——《廉价石油的终结》。[1] 在这篇文章中，两位地质学家竟然当了一把“标题党”。

他们为世界的未来描绘了一幅色调极其灰暗的前景：“下一次石

让·拉埃勒尔

油危机，将不是短期危机。根据我们的分析和全世界的油田生产状况，预计未来石油供给赶不上需求的增长，石油短缺的严重危机正在逼近。”[2]

面对如此骇人的警告，人们自然会质疑它的来源和依据。两位作者的答复是，他们所依据的数据来自一家私人石油咨询公司，位于日内瓦，恰好是他们任职的这家“石油顾问”公司。其数据是内部的、私人的，还有专利保护。数据的确和另一份报告一起发表过，但是每本售价为32000美元！除了他们的大石油公司客户，有几个独立学者能买得起？谁能核实他们的计算方法和过程？

另外，两人还宣布了一个所谓不争的事实：“全世界只有这么多原油，90%的石油储量已经被石油界发现。”[3] 如此确切的数字，是如何得出的？作者仍然不提供任何证明。石油储量是否快要耗尽了？如果作者不提供基本数据及其来源，科学的辩驳就成了无源之水、无本之木。

这两位作者还声称，他们对1956年哈伯特的研究方法进行了改进，因此，他们的计算就有了科学方法论的基础。我们在前面已经提到，哈伯特那篇名为《石油峰值》的论文，是以政治为目的的科幻作品，与科学基本无关。[4] 在那篇论文中，哈伯特唯一引用的资料或者科学示例的来源，都是神秘兮兮、备受争议的，而对于数据本身，哈伯特始终守口如瓶。

在《廉价石油的终结》一文中指出：“在21世纪的前10年，世界石油生产将达到峰值。”那意味着：石油产量的最高极限，最迟在2010年底之前就会达到，然后石油产量就会一路下降，并且再也不会回升。

另外，北海、阿拉斯加、墨西哥等产油区，2002年就会到达“峰值后”终点。到那时，“全世界将依赖中东国家，尤其是五个波斯湾沿岸国家——伊朗、伊拉克、科威特、沙特阿拉伯和阿拉伯联合酋长国的石油。只有中东的石油能够解决愈发明显的供小于求的矛盾”。

文章最后提出警告：“最近，全球对石油的需求的年增长率达到2%……所以，到2020年全世界对石油的需求将增加60%。但石油产出不增反降，这几乎注定会引发经济和政治的紧张局势。”[5]

具有讽刺意味的是，坎贝尔一面念叨着石油“峰值”，一面又眼睁睁看着一个又一个他预言的峰值已化为泡影。全球石油产量至今仍然在上升，“峰值”到底在哪里？坎贝尔于1989年指出，20世纪90年代末期将发生石油短缺；1990年，他再次表示，1998年世界将走在“资源耗尽的半途”。[6]后来他又说，资源耗尽的半途，如果不是2005年，就是2010年。

坎贝尔曾经解释，早些时候的“峰值”评估，“是基于公开来源的数据，虽然对石油行业和政府误报、谎报的程度搞不清，数据还是都被认可了”。[7]坎贝尔刻意回避了一个事实：他自己所用的数据，全部来自“石油业内和政府”，而对于误报谎报的水平，他倒是很善于“心领神会”。有关石油的数据，走遍全世界，也只有石油业界想公布的那些数据，其他数据一概没有。

科林·坎贝尔

2000年，坎贝尔在德国一所大学进行演讲时预言，石油峰值将在2005年到来，大规模战争会因此而起，美军也许会抢先发起军事行动。

坎贝尔说道："从市场反应中我们能够感觉到，欧佩克已经失控了。这意味着，原来以供给为基础的价格体系将发生变化，失去上限。于是物价会飞涨……穷国成为最大的受害者。至于美国，它会陷入严重的困境。因此，我认为，最大的危险是：为了确保石油安全，在一时的冲动下会发生军事行动。"[8]

仅仅几个月之后，坎贝尔关于军事行动的预言就应验了。那次军事行动叫"震慑行动"，即小布什－切尼政府对伊拉克的军事入侵。不过，这次侵略战争和石油短缺没有任何关系。美国采取军事行动，是服务于它的世界霸权目标的，它可能会指向所有可能与美国抗衡的力量，如中国、俄罗斯、西欧等国。

切尼与哈伯特

迪克·切尼被认为是美国历史上最有实权的副总统之一

《廉价石油的终结》一文在《科学美国人》杂志上发表整整一年后，1999年9月，在伦敦石油学会当年的秋季会议上，迪克·切尼发表了一个主题演讲，为一场即将发起的战争埋下了伏笔。

切尼曾经是老布什总统的国防部部长，1991年针对伊拉克的"沙漠风暴"行动就是他指挥的。在担任美国副总统之前，切尼是世界上最大的石油公司——哈利伯顿公司的首席执行官。那天，他演讲所面对的听众，是全世界各大石油和天然气公司的首席执行官。

切尼先重复了一遍坎贝尔在《廉价石油的终结》一文中的警告。他断言，石油是一种“将要耗尽的资源”，而且“通过估算，未来全球每年的需求将增长 2%，而由于大量开采，已知石油储量将至少以每年 3% 的速度下降。这样到 2010 年，全球每天消费的石油，在目前的水平上还要再增加 5000 万桶。这么多的石油从哪里来呢？”[9]

随后，切尼评论如下：

> 政府及国有石油公司实际上控制了大约 90% 的石油资产。石油已经是真正的政府产业了。世界上很多地方都可能有石油，但中东一地就埋藏了世界上三分之二的石油，而且开采成本最低，所以始终是最好的石油产地。虽然大公司都渴望获得那里的权益，但是进展一直非常缓慢。[10]

切尼虽然不明说，在座的圈内人也都心领神会，他说的“大公司”，是美英石油公司，是“自己人”；切尼指责的那些政府，就是手握 90% 石油的那些政府，主要是信奉伊斯兰教的国家，分布在波斯湾周围。

切尼在演讲中还指出：

> 石油开采显然是一种自我消耗行为。必须每年都找到与开采量同样多的储量，才刚好能保持平衡。对一个公司来说如此，对于更大范围的经济，甚至对全世界也是如此。

切尼总结时说道：

> 石油非常特殊，因为它具有太大的战略意义。它不像肥皂剧或者休闲服装。对于世界经济来说，能源是毫无疑问的基本资源。海湾战争真实地诠释了石油的本质。政府的深度介入，把石油变成了更加特殊的商品。国有石油公司和政府都对石油实行严密控制，这就是石油特殊性的真实反映……石油是世界经济最重要的基石。石油与任何一种商品都不相同。[11]

切尼发表伦敦演讲后不到两年，美国就对中东产油国采取了干涉行动——发起战争。人们终于了解，切尼为什么口口声声说，在中东“石油一直是政府的事情”。[12] 他的中东石油战略，就是将石油从那里的政府手中抢过来，送到英美大石油公司手中。

石油资源枯竭论、哈伯特和坎贝尔的石油峰值论，就是为那场军事行动而精心策划的借口。他们正是迪克·切尼在美国政治权力中所属的派系。

鹰派的“文明冲突”

在伦敦演讲之前两年，切尼就和他的老朋友、共和党人唐纳德·拉姆斯菲尔德一起，于 1997 年成立了一个右翼智库，自称“美国新世纪计划”（PNAC）。然后，他才去伦敦发警告，说全世界面临石油枯竭的危机，因此对中东产油国家应该采取军事行动。

“美国新世纪计划”智库成立后的第一次公开行动，是切尼等人在 1998 年 1 月写的《致比尔·克林顿总统的公开信》，他们公然要求美国在伊拉克搞政权更迭，把萨达姆赶下台，丝毫不加掩饰。[13]

在那封公开信中，切尼和拉姆斯菲尔德赤裸裸地说道：美国应直接控制伊拉克的大油田。2003 年，美国入侵伊拉克，确实控制了伊拉克的油田，但却并不急着使石油增产，而是做了与之相反的两件事：一是禁止伊拉克出售石油去冲击已经供大于求的世界石油市场；二是禁止伊拉克石油流入他人手中。这条禁令更加意味深长。

这里不得不提到一个重大事件，在 2003 年 3 月开战前，美英主流媒体对这一事件长时间集体沉默。这一重大事件就是：萨达姆·侯赛因同俄罗斯、法国和中国的石油公司签订了在伊拉克勘探新油田的合同，竟然把美国冷落了。伊拉克没有给美英石油公司机会，这很可能是其招致军事打击的一个重大原因。一手遮天的华盛顿岂肯放过这世界上第二大产油区的利益？[14]

1998年1月，这封“美国新世纪计划”智库的公开信预示着几年后将要发生一些不寻常的事情。果然，2001年“9·11”事件发生后，美国终于找到了发动战争的借口，它们终于可以向萨达姆宣战了。[15]

在这封公开信中，甚至还写有这样明确的语句：“我们迫切要求您抓住机会，阐明新战略，保障美国以及美国盟友的利益。这个战略的要点，就是把萨达姆·侯赛因政权赶下台。”[16]

令人好奇的是写信的时间，进攻伊拉克、把萨达姆·侯赛因赶下台的主张，在“9·11”事件发生之前3年，即以“美国新世纪计划”智库公开信的方式提出，而“9·11”事件本身是小布什－切尼政府发动“反恐战争”制造的借口。对伊斯兰世界来说，“针对恐怖主义的战争”其实就是一场针对伊斯兰的战争。所以，哈佛大学地缘政治战略家、戴维·洛克菲勒的“三边委员会”成员塞缪尔·亨廷顿教授把这场战争叫

“美国新世纪计划”智库早在2001年9月前就倡导武力推翻萨达姆，当时该智库极富影响力的成员们在小布什政府中身居高位，谋划了对伊战争

作“文明的冲突”。[17]

我们知道，萨达姆·侯赛因是个非宗教的独裁统治者和阿拉伯复兴党的领袖，而奥萨马·本·拉登信奉的是宗教激进主义，拉登的瓦哈比教派属于伊斯兰逊尼派的萨拉菲主义组织，与萨达姆政权其实是不共戴天的敌人；美国情报机构也从未发现萨达姆与神秘莫测的“基地”组织牵过手。所以，萨达姆·侯赛因与中央情报局训练出来的奥萨马·本·拉登，根本就没有任何关系。

2000年9月，在美国大选进入热身阶段时，切尼又参与撰写了“美国新世纪计划”智库的一份白皮书，即《重建美国防务》，为下任美国总统设计赤裸裸的进攻性军事战略蓝图。

按照《重建美国防务》白皮书的说法，美国军队进驻波斯湾，“表达了美国及其盟友对一个极端重要地区的长期关切。美国数十年来一直热切期望对那里的安全承担更加永久性的责任……在海湾地区部署重兵，意义远超过萨达姆·侯赛因的政权问题”，[18]而且“即使今后美伊关系改善了，在该区域部署作战部队，仍然符合美国的安全战略，因为美国在那里有长期的利益”。[19]美国的“长期利益”是什么呢？当然是控制中东的石油市场。

在《重建美国防务》上签字的“美国新世纪计划”智库成员，都是共和党的鹰派主战人士。他们中的切尼、拉姆斯菲尔德和保罗·沃尔福威茨，日后都进入了小布什政府，身体力行地推行“美国新世纪计划”智库报告提出的主张，对外奉行进攻性军事外交战略，确保美军在中东永久驻扎。在小布什－切尼班底中，所有的军事外交事务高级官员，都来自“美国新世纪计划”智库。对于这个显而易见的事实，美国的主流媒体犹如患了集体失语症一般，从不提起。[20]

号召用武力在伊拉克实行政权更迭的“美国新世纪计划”智库的《重建美国防务》白皮书发表的时间，恰好是在“9·11”事件发生前一年零一个月。“9·11”事件给小布什、切尼和拉姆斯菲尔德“三人帮”送去一个极好的借口，让美国单方面发动了战争。战争先是针对阿富汗，然后转向伊拉克。至于攻打伊拉克的原因，则是一个完全虚构的指控：萨达姆搞了核武器和什么“大规模杀伤性武器”。国际法律界资深专家指责这场战争，指出美国违反了联合国宪章和国际法。问题是，小布什、切尼和“美国新世纪计划”智库，只要一涉及石油利益，不管违反任何文明的宪章和法律，他们都在所不惜。[21]

切尼的石油战略

迪克·切尼于2001年1月当上了小布什的副总统，然后立刻被提名担任美国的“国家能源政策制定小组”组长，制定美国的能源战略。这个重要任命，即使对于美国副总统来说，也非同寻常——授权创建这个“能源课题组”，是小布什总统上台后做的第一件事。

切尼接受的任务是为美国描绘一幅能源战略的前景。他的灵感主要来自石油巨头的高管，例如埃克森美孚、英国石油、壳牌、雪佛龙、安然，还有美国石油学会。[22]后来被公开的文件显示，切尼曾下令绘制伊拉克油田的详细地图。[23]对这个“国家能源政策制定小组”的工作所进行的讨论记录，其中大部分被切尼封锁起来，切尼甚至公然蔑视法院要求他公开信息的判令。不过，越是封锁，越是让人感到可疑。

在切尼的“能源课题组”里，一方面在无足轻重的替代能源如太阳能和风能上泛泛空谈；另一方面高度关注真正的问题，即关乎美国的“能源安全”——在中东部署美国军队。能源安全，那只是一个委婉的说法。中东拥有全世界已探明石油储量的三分之二。1999年，切尼在伦敦演讲时就说过，“最终的大奖”在中东。

切尼的一份报告指出：

> 2000年，在美国原油进口总量中，55%来自以下4个国家：加拿大（15%），沙特阿拉伯和委内瑞拉（各14%），墨西哥

> （12%）……2020 年（波斯）海湾石油生产国的目标，是为世界提供 54% 至 67% 的石油。因此，全球经济对石油输出国组织欧佩克成员的依赖，尤其是对海湾地区成员供应的石油的依赖，必然要持续下去。所以，海湾地区仍然是美国最重要的利益所在。[24]

切尼报告的结语是一个不祥之兆。2003 年美军轰炸伊拉克之后，这句话又被重复过：

> 中东石油生产国，无论如何都是世界石油安全的中心。虽然海湾地区是美国国际能源政策的焦点，但美国的责任在全球，对全球能源的平衡具有重大影响的地区，无论是现在已有的，还是今后出现的，美国都会关注。[25]

切尼的能源战略是小布什－切尼政府执政 8 年最大的特色：在美国国家安全的理由之下，把全世界一切重要石油资源控制在手里。这个战略具体化为一场又一场残酷的战争——覆盖整个地球的石油战争。打那么多场战争，保卫的并不是美国石油供应的安全，而是美国的全球霸权。基辛格几十年前就说过："如果你控制了石油，你就控制了所有国家。"切尼的目标更露骨：通过石油，直接控制整个世界。

切尼的"峰值"

在切尼的"能源课题组"里，有一个成员是切尼的私人朋友、休斯敦投资银行家马修·西蒙斯。西蒙斯的投资公司就叫"西蒙斯公司"，他自任首席执行官，投资于世界各地的石油项目，赚了很多钱。他同时担任一家大型跨国石油公司——科麦奇公司的董事。这家公司接手的石油项目，从中国、哈萨克斯坦到墨西哥湾，走得很远。[26] 2004 年，西蒙斯自掏腰包，为小布什竞选捐赠 10 万美元，在时间上正好是他刚刚为鼓

马修·西蒙斯一个鲜为人知的身份是小布什竞选时的能源顾问

吹石油峰值论而大出风头的时刻。他是一个人数极少的小圈子里的人，是切尼和小布什的密友。[27]

西蒙斯从来都不是置身于权力机构之外的人。他曾经应戴维·洛克菲勒邀请，在纽约地方议会里负责对外关系。他曾经是游说集团——国家石油委员会的成员，那个委员会由石油巨头控制，拥有非同寻常的势力。

西蒙斯还当过北约的游说团体——大西洋委员会主任。大西洋委员会的委员都是美国军队和对外政策方面的各路精英名流，[28]还有很多“美国新世纪计划”智库中的成员，如扎尔梅·哈利勒扎德、葆拉·多布里扬斯基、多夫·扎赫姆，以及亨利·基辛格、科林·鲍威尔、康多莉·赖斯、前国家安全顾问布伦特·斯考克罗夫特和斯蒂芬·哈德利。[29]

西蒙斯是银行投资家，他的银行做石油融资生意，但他绝不是地质学家。西蒙斯讲起话来口若悬河，他对石油技术和石油储量发表的无知评论，令严谨的石油地质学家替他脸红。然而，对不了解技术细节的公众演讲石油问题，他却是当之无愧的高手[30]。小布什－切尼团队此时正需要借一个人之口，警告所谓的石油峰值灾难，为伊拉克战争展开宣传攻势。西蒙斯正好是理想的人选。

2000年，他写过一篇值得注意的长文，评论罗马俱乐部的1972年报告《增长的极限》，表明自己是马尔萨斯人口论的代言人。他说道，事实证明，罗马俱乐部的观点都是正确的，世界正站在一个史无前例的能源大灾难的边缘。[31]西蒙斯开始被形形色色的互联网媒体采访，其中包括迈克尔·鲁珀特的“来自荒野”网站（From the Wilderness）。那家网站的所有者和经营者鲁珀特是洛杉矶警察署的一名前缉毒警官，被西蒙斯游说后，开始支持石油峰值论。

2003 年 8 月，硝烟还在美国占领的伊拉克上空弥漫，西蒙斯在接受鲁珀特网站一次高级专访时，发表了这样耸人听闻的报道：

> 每一块大油田都被发现并投入开发。我们不会再有任何新发现了，未来也不会出现转折了！石油勘探进展艰难，这告诉我们，今天人类进退维谷，人类从来没有这样尴尬过！更为严重的是，不久以后我们就会陷入黑暗——没有供水，不能排放污水，更没有汽油。汽油的重要性不言而喻，而今天的汽油储备几乎已降到历史最低点。[32]

沙漠黄昏

西蒙斯在刻意描绘石油供应终结后的恐怖图景时，没有忘记标榜自己的专业权威，声称自己始终都在严密监视沙特阿拉伯的油田和蕴藏量的变化。那么，石油真的快枯竭了吗？看看沙特吧。

在第二次世界大战刚刚结束时，富兰克林·罗斯福总统巧妙地为美国洛克菲勒石油巨头获得了沙特石油的专卖权。沙特阿拉伯的石油公司——阿美公司（ARAMCO），始终是世界上最大的石油生产商。石油赋予沙特王国一个特殊的角色，在全球石油地缘政治上、美国军事力量的运作上，这个战略角色的意义是举足轻重的。1973 年石油危机后，华盛顿认为，沙特的石油应该被美国政府掌控。华盛顿方面出售给沙特大量的美国军事装备，也让王室不得不依赖于美国提供的安全保护，这样，实现美国的目标就更方便了。

1948 年，洛克菲勒阿美集团发现了盖瓦尔油田，地点在沙特阿拉伯王国东部，长 280 千米，宽 30 千米，是迄今为止世界上常规开采、持续生产的最大的油田。从 1948 年到 2000 年，沙特阿拉伯所产的全部石油中，65% 出自盖瓦尔油田。截至 2010 年初，盖瓦尔油田共产出 650 亿桶石油，平均每天 500 万桶。从第一天开始采油到今天，已经持续生产了 60 多年。

1973 年赎罪日战争后，沙特与美国谈判，由国家把阿美公司购回，将其重新命名为“沙特阿美”公司。然后，沙特王国的石油部就不再公布油田和生产的详细信息了。

尽管如此，西蒙斯依然声称，他亲自去过沙特阿拉伯，找到了他所说的沙特石油产量减少的真相。在 2003 年的专访中，西蒙斯说道：“我得到了 100 多篇来自沙特阿拉伯的技术含量很高的石油生产报告，并且仔细研究了它们。”[33]

然而，这位得克萨斯银行家并没有向大家解释，他是如何找到那些文件的。是他偷看了被严加看管的资料？还是他用甜言蜜语取得沙特官员的好感？或者是沙特人特别相信他这个著名的“石油峰值”理论倡导者？

西蒙斯说道：

> 我从那些文件中得知，沙特阿拉伯已经是一个债务国，它最辉煌的时期已经过去了。如果真是这样，那么我们这个星球已经超过了它的产能顶峰。说白了，那就是我们不能再增长了。这就像一个人到了老年，能力会迅速降低，并且持续减弱，之后是长期的苟延残喘。[34]

后来，西蒙斯把他的沙特阿拉伯石油减产的断言，写成了一本被大肆推销的书，他用了一个很有隐喻性的书名——《沙漠黄昏》，本书出版于 2005 年。他说书中参考引用的沙特阿拉伯油田生产分类报告，从 100 多篇增加到了 200 篇。西蒙斯还说，整个沙特阿拉伯的石油设施都“陈旧而破败”，在未来的任何一天，都有可能会使石油产量突然大幅度下降。[35]

西蒙斯和坎贝尔讲述的“石油峰值”故事，至今被主流媒体大肆转述。自从2003年美国轰炸伊拉克以后，石油价格的确在飞涨。但是，没有任何一家媒体提出，美国政府通过暴力手段把伊拉克的石油从国际石油市场上强行撤下，自然会导致油价上涨。

其实，华尔街的银行和高盛等公司，早已推动了于己有利的立法，并利用能源期货和其他成熟的金融衍生品，来任意操纵石油价格。但是，西蒙斯他们对这些行动和手段都视而不见，他们故意将逻辑简单化为：需求一旦增加，供给就会不足，接着石油价格就会上升，这样就直接证明了“石油峰值”论。

西蒙斯和科林·坎贝尔两人还与同一个组织有关系，这个组织叫作“石油和天然气峰值研究协会”（ASPO），是在需要进一步推进“石油峰值”论的时候成立的。据报道，该协会得到了几家石油公司的支持。其中有两家是世界上最大的石油公司：一个是斯伦贝谢公司，另一个是迪克·切尼曾任首席执行官的哈利伯顿公司。[36]

为飞涨的油价正名，制造公众心目中石油稀缺的认知，大型石油公司和华尔街都没有袖手旁观。正如预想的那样，油价果然从2000年的每桶18美元，飞升到创纪录的每桶50美元，然后一路攀升到60美元、65美元、80美元，2007年之后油价更是如脱缰之马，无法驾驭。

英国石油巨头英国石油公司，在世界范围内巧妙地搞了一个媒体形象宣传活动。它宣布，英国石油公司的缩写“BP”代表“超越石油”（Beyond Petroleum）的意思，徽标也改成了一朵向日葵。英国石油公司还掏钱大力支持生物能源，带头把向日葵和玉米转化成汽车用的酒精。这样做的好处是，不仅能得到政府的补贴，还向世界发出了一个微妙的信号——向“后峰值”时代过渡，英国已经做好了准备。

坎贝尔在《科学美国人》杂志上发表“石油峰值”预言的一年后，即1999年，高盛公司撰写了一份对世界石油现状的恐怖评估。每当提及世界上已经探明的石油储量，高盛就引用坎贝尔的数字。如果想推高石油价格的话，这些数字用起来很方便，从中获利的当然还是高盛。高盛还开发了为对冲基金和投资者所用的商品指数（GSCI 指数），即一个预测石油价格的工具。

高盛的评估指出："在过去的 12 年中，钻井设备数量下降到了最低点。这倒不是因为石油的价格低，而是由于石油公司不愿意维持那么多钻井设备去钻井。当然，他们都不愿意承认，疯狂的公司合并热潮，其实只是把一些将要失败的企业按比例缩小。大家都看到，世界上 90% 的石油已经被探明了。"[37]

与此同时，哈伯特曾服务过的荷兰皇家壳牌石油公司发布了一个广告，一开头是这样单刀直入的措辞："人们曾经认为地下的石油和天然气是永远用不完的……"[38]

如果真如他们所说石油价格是因为供给枯竭才出现狂涨，那么全球的石油消费者一方，再像 1973 年发生石油危机时那样谴责石油公司的贪婪，就连起码的根据都没有了。我们总不能谴责几千万年前灭绝的恐龙吧？我们能责怪它们没有生出足够多的后代，以变出更多的化石、产生更多的化石能源吗？

纽约《哈泼斯》杂志编辑刘易斯·拉帕姆出身于组建美孚石油公司的那个家族。他对一位记者说道："没错，在过去的 100 年里，他们一直都在说，我们只剩下可供 20 年消费的石油了……石油公司也好，任何别的公司也好，怎么会宣传自己的石油产品很多、很充足呢？你想打破自己的市场吗？聪明人总是对外人说，他家仓库里没东西，是空的。"[39]

拉帕姆又说道："按照那些家伙的说法，从开采石油的第一天起，这个世界上的石油就快用完了！伊拉克战争之前，最让欧佩克头疼的事情，是如何关掉伊拉克的油田，因为市场上的石油太多了，我们就像是在石油的大海里挣扎。对于石油公司来说，油价一直都太低了，它们最不希望伊拉克扩大石油出口。"[40]

让美英石油巨头和石油银行家们惬意的是，石油产出达到"峰值"随后枯竭。这个阴谋家的神话，一步一步从互联网走上了主流媒体，如

《华尔街日报》。1998 年，科林·坎贝尔在《科学美国人》杂志上发表文章时，他的信息资源昂贵到普通人难以企及，如果不花费 3 万多美元购买数据，那么任何人也休想验证他的计算数据。西蒙斯也这样干，说自己手里有谁也拿不到的沙特的分类数据资料。他到处宣称：世界上最大的石油生产国沙特的资源很快就要枯竭了。

西蒙斯在他正式出版的那本《沙漠黄昏》中，也引用了美国石油工程师协会的技术报告。他说，为了寻找沙特人秘而不宣的石油即将耗尽的真相，他把美国石油工程师协会的报告和沙特阿美石油公司的技术资料放在一起研读过。最后他得出的答案是：沙特出版的小册子“明确无误地表明，沙特阿美公司官员遭遇了增长的困难，他们正在竭力维持目前的高产水平，拼命开采全国的油田和气田”。[41] 除了沙特官方以外，谁还有资格确认或者否认这个说法？

但恰恰是沙特政府出面，否认了西蒙斯的预言和警告。2004 年 4 月 29 日，由美沙商会和“战略与国际研究中心”联合发起，在华盛顿召开了一次美沙能源关系大会。美联储主席艾伦·格林斯潘到会。沙特石油大臣阿里·纳伊米在会上宣布，沙特石油部刚刚修订了石油储藏量的官方估计，把早先 2600 亿桶的估计储藏量提高了 5 倍，达到 12000 亿桶——这一数字是非常惊人的。他还说，沙特王国的石油产量很快就能倍增，而且可持续至少 50 年。

阿里·纳伊米认为石油价格是由金融因素如投资者的行为驱动的，而不是市场的供应和需求

纳伊米告诉目瞪口呆的听众：“分析的结果令人乐观，这仍然是很保守的估计。我们还在继续发现新资源，新技术的应用也可以从现有油田开采出

更多的石油。”[42]

沙特人向全世界宣布：他们正在石油的大海中游泳。沙特阿拉伯的沙漠不仅没有走入“黄昏”，与之相反，正在迎接更加灿烂的“日出”。

但是，切尼仍然一意孤行，继续把为控制石油而打的战争扩大化。战争的目的是控制对手、获得战利品。切尼在1999年伦敦演讲中就非常生动地说过，中东的石油就是“最终大奖”。

石油战争很快就打起来了，有明目张胆地打的，也有偷偷摸摸地打的。战争发生在俄罗斯、非洲、缅甸、格鲁吉亚，横扫了欧亚大陆。打击一个无形之敌的“反恐战争”，是今天美国为石油发起战争所能够找到的最好的借口。正如20世纪中叶在所谓的保障国家永久安全的名义下美国找到了一个打击“无神论共产主义”的借口一样，今天美国打击“恐怖主义”是为了控制整个地球的石油。

美国今天挑起战争的套路和20世纪的套路一模一样，不过是新瓶装旧酒罢了。

第四部分

棋局中国

第十一章

逐鹿中原：

欧亚大陆的大棋局

“Where the Prize Ultimately Lies”: Russia and Cheney’s Oil Wars

小布什和切尼入主白宫后的8年间，他们的目标都是控制整个欧亚大陆。为了达到这一目标，他们从故意挑起战争到控制欧亚大陆的石油管线，精心策划、步步为营，早已在欧亚大陆布好一盘周密的棋局，一切尽在他们掌握之中。上任伊始，两人就将目标锁定在伊拉克石油上，志在必得，后来借助“9·11”事件他们终于对伊开战。进攻伊拉克不仅是为了石油，同时也阻止了俄、法、中与伊的石油合作，防止石油流向这些国家。美国这一惯用伎俩改头换面后很快又用于控制俄罗斯的油气管线，挑起管线所经国家的内乱，并且绕开俄罗斯重修直通里海的石油管线，意在控制欧亚大陆富饶的油田。美国是要真刀真枪地控制全球主要石油产地，并一箭双雕地打击可能威胁其霸权的国家。

石油！石油！

"哪里有石油，就要把手伸过去。政局是否动荡在我看来无关紧要。" 1998 年，得克萨斯州石油业召开大会，这是切尼在会上的原话，当时他是全球最大的石油服务商哈利伯顿的首席执行官。[1]

两年多后，小布什和切尼入主白宫。他俩执政 8 年，但战略目标始终如一，那就是控制富饶而辽阔的欧亚大陆。他们为此用心良苦，不但设法阻止中俄联手，策划搞乱中东到中亚地区，还要控制欧亚大陆的油气管线。

五角大楼被称为"全方位主导"战略，即控制陆地、海洋、天空、外太空，甚至网络空间。为实现这一野心，美国动用了一切手段，有赤裸裸的武装入侵，更有在格鲁吉亚和乌克兰精心策划的"颜色革命"。[2]

一石激起千层浪

副总统切尼上任后，满脑子想的都是如何控制伊拉克的石油，"9・11"事件正好给了美国一个绝佳的借口，推翻萨达姆指日可待。上台伊始，小布什就接受了"美国新世纪计划"智库提出的建议，决定通过战争实现伊拉克政权更迭，切尼更是出兵伊拉克的头号支持者。

2001 年 1 月 23 日，小布什上任后仅 3 天，新任国务卿鲍威尔就被告知，美国的政策就是铁定要推翻萨达姆。[3]

1990 年，联合国宣布对伊拉克实施经济制裁，目的是让萨达姆从科威特撤军。海湾战争结束 10 多年后，切尼自己也承认，制裁变得越来越徒有其名。一方面是萨达姆多方求援，另一方面不少石油进口国迫切希望与之合作。眼见伊拉克尚未开发的油田花落别家，华盛顿的鹰派和美英石油巨头深感不进则退。

联合国及国际社会要求解除对伊制裁的呼声越来越高。一旦结束制裁，美国自 1991 年以来对伊拉克石油的控制也就宣告结束，这正是美国在此刻发动战争的主要原因，切尼在战后也对此委婉地予以承认。[4]

伊拉克原油储量世界第二，仅次于沙特，这一点切尼在出兵之前就已确认无疑，而且伊拉克的开采成本极低，每桶还不到 1 美元。[5]

到 20 世纪 90 年代末，萨达姆为缓解财政拮据，与不少外国公司达成了合作开发油田的协议，尤以俄、法、中三国为主。俄罗斯的卢克石油签下了西古尔纳油田，法国的道达尔拿下马基努油田，中国的中石油则签约伊科边境的北鲁迈拉油田。[6]

伊拉克早在 1972 年就将石油公司国有化，并以法律形式规定，禁止美英石油公司在伊拉克做生意，这也是切尼和石油大亨们想把萨达姆除掉的另一个原因。国际上要求解除对伊制裁的呼声越来越高，一旦解除制裁，萨达姆就可以与中、俄、法等国大做买卖，这与美国“一超独霸”的梦想显然背道而驰。

认“油”不认人

小布什政府一意孤行，不顾联合国和国际社会上大多数国家的反对，于 2003 年 3 月悍然发动了伊拉克战争。在此之前 5 个月，《纽约时报》曾有一篇文章披露，围绕如何入侵伊拉克并控制其石油，哈利伯顿公司早已完成了一份 500 页的秘密文件，而该公司的前任掌门就是时任副总统的切尼。文章还指出："伊拉克战争前几个月该文件就完成了，之后哈利伯顿没有竞标就拿到了伊拉克油田的大笔合同。"[7]

华盛顿比谁都清楚，一旦解除由美国主导的对伊制裁，法国、俄罗斯，尤其是中国，就会从伊拉克获得大量石油。在制裁期间，美英可以阻止类似的合同，但出于人道主义等原因，国际上要求解除对伊制裁的呼声给华盛顿带来的压力越来越大。而美国认为，如果让中、俄、法获得伊拉克的石油资源，这在战略上对自己不利。[8]于是，战争成了他们唯一的选择。

2001 年 7 月，拉姆斯菲尔德在给国家安全事务助理赖斯的备忘录中称："如果推翻萨达姆政权，中东等地区的态势对美国将更为有利。如果在伊拉克取得重大胜利，将大大提升美国在该地区的信誉和影响力。"[9]

"All the News That's Fit to Print"

The New York Times

BUSH ORDERS START OF WAR ON IRAQ; MISSILES APPARENTLY MISS HUSSEIN

DEFIANT RESPONSE

Iraq Leader Exhorts His People to Draw Arms Against Invaders

President Warns of Difficulty — Airstrikes on Baghdad

Day of Waiting and Wondering Ends With Word From President

Watching Intently As a War Is Born 6,000 Miles Away

Setting the Stage

"All the News That's Fit to Print"

The New York Times

ALLIES OPEN AIR ASSAULT ON QADDAFI'S FORCES

A No-Fly Zone Is Imposed to Bolster Rebels in Libya

Reeling From Crises, Japan Approaches Familiar Crossroads

Hopeful Egypt Votes on Shape Of Its Future

Learning to See The Strike Zone With One Eye

Black and White and Married in the Deep South: A Shifting Image

2003 年 3 月《纽约时报》关于小布什发动伊拉克战争的报道

“9·11”事件之后，更迭伊拉克政权的策略逐渐浮出水面，这其实和本·拉登及“9·11”事件毫无关系。但是，国防部部长拉姆斯菲尔德和国家安全委员会的鹰派人物固执己见，认为如果制造虚假舆论，把萨达姆和本·拉登联系起来，就能获得美国民众的支持，从而强行发动伊拉克战争。[10]虽然没有证据表明萨达姆与本·拉登有任何关系，但在“9·11”事件的次日，小布什总统就同意对伊进行政权更迭。

推翻萨达姆仅仅几周后，国防部副部长沃尔福威茨就承认，伊拉克战争与恐怖主义毫不相干，其根源在于石油。[11]

美国攻打伊拉克是要在那里建立永久军事基地，以便控制整个波斯湾地区，切尼曾意味深长地把那里称作“盛产石油之地”。[12]

2003年6月，在新加坡召开的一次会议上，沃尔福威茨谈道：“如果说美国对朝鲜和伊拉克的政策有显著区别，那是因为伊拉克遍地是石油，我们才别无选择。”[13]

切尼、拉姆斯菲尔德和沃尔福威茨，他们都是“美国新世纪计划”智库的创始人。

到2009年，也就是伊拉克战争结束六周年之际，伊拉克的石油产量还未达到战前的最低水平。[14]华盛顿和美英石油巨头早就盘算好了，伊拉克战争打响后油价看涨，如果伊拉克过早增产就会冲击石油价格。事实上，对游说小布什政府出兵伊拉克一事，埃克森和雪佛龙冲锋在前，[15]它们是想切断伊拉克的石油出口，进而控制其油田。

大棋局

让整个欧亚大陆战火纷飞，这是美国的长期战略。2001年，美国入侵阿富汗；2003年，美国入侵伊拉克。这两场战争都是此战略的核心部分。

1997年，前总统国家安全事务顾问、前洛克菲勒三边委员会执行主席布热津斯基曾指出，苏联解体后，美国的全球战略就是不惜一切代价阻止欧亚大陆再出现一个大国，以确保美国的霸权地位。

当时，俄罗斯自顾不暇，中国还未在经济上崛起，但布热津斯基已敏锐地指出：

> 欧亚是世界上大多数政治上自信和充满活力的国家所在地。历史上所有的全球强权觊觎者都来自欧亚。世界上人口最多的、地区霸权的追求者中国和印度都在欧亚，美国至高潜在的或经济方面的挑战者也在欧亚。美国之后的六个最大的经济体和军事支出国都在那里。世界上所有公开的核大国只有一个不在那里，所有秘密核大国也只有一个不在那里。世界人口的大约75%生活在欧亚。欧亚占世界国民生产总值的大约60%和已知能量资源的大约75%。总的来讲，欧亚的潜力甚至超过了美国。
>
> 欧亚是世界上处于轴心地带的超级大陆。任何主导了欧亚的强国将决定性地影响世界上三个最先进和经济最具生产力地区中的两个，即西欧和东亚。看一眼地图就会发现，一个在欧亚占主导地位的强国几乎会自然而然地控制中东和非洲。现在，随着欧亚成为地缘政治的一个决定性棋局，再也不需要对欧洲和亚洲单独制定政策。欧亚大陆发生的权力分配对于美国的全球至高战略和美国的历史遗产具有决定性的重要意义。[16]

欧亚大陆是欧洲大陆和亚洲大陆的合称，占世界陆地总面积的五分之二，囊括世界人口的四分之三

布热津斯基的这番话道出了一个鲜为人知的事实，美国的对外政策是以麦金德爵士的

地缘政治学说为基点的。他后来在《大棋局：美国至高及其地缘战略要务》一书中还专门提到了麦金德的名字。[17]

布热津斯基明确指出，美国的对外政策是捍卫其“全球霸主地位”，不允许任何潜在的大国或大国集团染指，尤其是在欧亚大陆。一旦中俄联手，对美国整个地缘战略将是重大打击。他强调：“如果将来能够出现美国的对手，那一定是在欧亚大陆这个大棋局上。”[18]

能源战争硝烟四起

截至2010年，仅阿富汗和伊拉克的两场战争，就花费了美国纳税人一万多亿美元。[19]但这两场战争才仅仅是个开始，围绕石油及其管线，能源战争硝烟四起，虽然公开讲不是战争，但无论从什么角度看都是完全意义上的战争，而且波及地域甚广，从里海到南海，从印度洋到波斯湾，甚至到非洲。

能源战争的形式各种各样，不仅有飞机大炮、恐怖袭击以及颇具杀伤力的无人机空袭，还有另外一种精心策划的方式，就是在不与美国合作的国家制造政局动荡，即“颜色革命”。

虽然“颜色革命”手段无所不用其极，但目的却很简单：五角大楼要控制所有重要的石油产地，以便将来扼杀欧亚大陆崛起的庞大的经济体，特别是俄罗斯和中国。

在伊拉克战争基本达到目的后，控制俄罗斯油气及能源管线就成为华盛顿的当务之急。

如何绕开俄罗斯再新建一条管线，把巴库的石油运到西方市场，这是华盛顿当时最关注的问题。想实现这个目的，在弹丸小国格鲁吉亚策划一场政变在所难免，对乌克兰恐怕也要如法炮制。

如果在这两个国家能扶植亲美政权，不但俄罗斯的安全形势将受到极大威胁，俄对其出口西欧油气的掌控能力也将受到严重削弱。

布热津斯基排兵布阵

布热津斯基从未远离政治舞台，即便离开政府，他仍能让自己的地缘政治战略得以实施。

2005 年，通往阿塞拜疆巴库的新管线建成。这条线路纯粹为政治目的服务，造价昂贵，布热津斯基出面表示了祝贺。

阿塞拜疆位于南高加索地区，战略位置极为关键。它北部与俄罗斯接壤，西部毗邻亚美尼亚，南部连接伊朗，西北部紧挨着格鲁吉亚，是西欧和西亚接壤的十字路口。苏联解体后，这里自然成为华盛顿关心的重中之重。

阿塞拜疆坐拥巨型油田，切尼早在哈利伯顿时就一清二楚。据美国国务院 1998 年的数据显示，里海地区的油气储量高达 1780 亿桶甚至更多，可与波斯湾相提并论。因为使用了先进的三维地震勘探技术，这一统计数字比苏联时期的要高很多。

相比之下，美国已探明石油储量约 210 亿桶，北海地区约 160 亿桶。[20] 即便拥有世界最大石油储量的沙特，当时官方的数据也不过 2610 亿桶。简言之，如果借用切尼的话，里海石油储量堪比伊拉克，是值得夺取的另一个“大奖”。[21]

里海油田

公众因里海丰富的资源而欢欣鼓舞，但很快美国国务院就开始贬低里海石油的重要性。从 1998 年 5 月开始，美国政府的“自由欧洲电台 / 自由电台”就不断诋毁把里海比作沙特的说法，以打消其他国家投资的念头。[22] 华盛顿认为，对里海石油的重要性越少人知道越好。

相反，美英石油大亨则迫不及待地进入里海地区。赖斯的老东家雪佛龙在哈萨克斯坦控股田吉兹，美英合资的英国石油－阿莫科公司（BP-Amoco）则控制了阿塞拜疆巴库油田的开发。

里海是世界最大的内陆湖。到 2001 年，它俨然变成美英控制下的产油湖。里海周边只有伊朗仍桀骜不驯。不过，美英正在想方设法迫其就范。当时唯一要解决的问题就是重铺一条里海通往外界的管线，不但要确保运输安全，更要绕开俄罗斯，这样就可以进一步削弱这个冷战时期的对手，让它难以在欧亚大陆再度称霸。

在此关键时期，布热津斯基出面游说，力劝美国投资从阿塞拜疆到格鲁吉亚，再到北约盟国土耳其的管线，也就是巴库－第比利斯－杰伊汉线（巴第杰线）。

“玫瑰革命”

与经车臣的俄罗斯现有管线相比，巴第杰线造价昂贵，为了促成此事，英国石油公司花重金聘请布热津斯基充当说客，以利用他在华盛顿非凡的人脉。这俨然就是 19 世纪俄英在欧亚大角逐的再现，只是这次英国演配角，美国唱主角。

在克林顿执政时期，布热津斯基就是英国石油公司的顾问，那时他就极力劝说政府支持英国石油公司的巴库管线项目，甚至以克林顿私人特使的身份专门前往阿塞拜疆推动此事。他还是美国－阿塞拜疆商会理事，当时商会主席是埃克森美孚的董事长。

商会的其他理事包括：基辛格、前国务卿贝克、前国家安全事务助理斯考克罗夫特等。贝克在 2003 年曾亲自前往第比利斯，告诉谢瓦尔德纳泽总统，华盛顿希望他让位给美国扶植的萨卡什维利。切尼在成为副总统之前也是该商会的理事。从地缘政治角度而言，很难想象还有比这更强大的团队。种种迹象表明，控制里海石油对华盛顿来说已是迫在眉睫。

2003年11月，美国国务院及其控制的国家民主基金会、“自由之家”等非政府组织一唱一和，在格鲁吉亚发动了一场不流血的政变，布热津斯基的地缘政治目标离实现又近了一步。

2004年1月，所谓的“玫瑰革命”把美国的意中人萨卡什维利扶上了总统宝座。早在哥伦比亚大学法学院就读期间，萨卡什维利就被当作格鲁吉亚总统来培养。一旦大权在握，他要做的第一件事就是推动格鲁吉亚加入北约，莫斯科对此十分不满。[23]

有了萨卡什维利这样一个亲西方的总统，英国石油公司等美英石油公司在格鲁吉亚畅通无阻，很快就完成了1800千米的巴第杰线，不过造价高达36亿美元，成为史上最昂贵的石油项目之一。时任英国首相的布莱尔为英国石油公司拿下阿塞拜疆项目起到了关键作用，他和英国石油公司的首席执行官约翰·布朗勋爵是密友，但布朗的为人颇受争议。[24]

英国石油公司控制了巴库的石油，巴第杰线也已完工，削弱俄罗斯能源实力的战略几近大功告成。

“橙色革命”

“玫瑰革命”成功后，华盛顿马不停蹄地展开了新一轮攻势，直逼莫斯科家门口，这就是美国有线电视新闻网等西方媒体所谓的“橙色革命”。2004年11月，即格鲁吉亚所谓的民主革命开始大约8个月后，尤先科在一片争议声中当上了乌克兰新总统，当时他的妻子还是美国公民，并曾在里根政府任职。据称，为了把他扶持上台，美国国务院投入了2000多万美元。[25]

与格鲁吉亚相比，乌克兰对俄罗斯的战略意义至关重要。几个世纪以来，俄乌双方在历史、文化和语言上息息相关，基辅罗斯被公认为现代俄罗斯的诞生之地。西伯利亚通往德国等西欧国家的天然气管线大多经过乌克兰，当时普京政府非常依赖这些管线来换取急需的外汇。如果能对乌克兰发号施令，就能卡住俄罗斯的脖子。冷战时期，由于苏联采取全国经济一盘棋的做法，俄罗斯和乌克兰在经济上相互高度依赖，如果能在俄乌边境的管线上做点文章，以俄罗斯当时的情况恐怕难以承受。

波兰已经加入北约，如果北约再把乌克兰和格鲁吉亚拉进去，那么俄罗斯就几乎四面被包围，生存受到极大威胁。

普京对此洞察秋毫，但无奈选择有限；华盛顿则抓住这一时机，明目张胆地对俄罗斯进行战略挤压。

到 2004 年，欧亚大陆的心脏地带即将被纳入北约，一场新的冷战正悄悄拉开帷幕，但这一次争夺的重点不再是洲际导弹，而是能源运输线路。

俄罗斯是世界第二大原油生产国，也是第一大天然气生产和出口国，但当时几乎被对手团团围住。小布什和切尼“逢油必夺”的战略对俄罗斯似乎很见效。

从哈萨克斯坦到阿塞拜疆，里海沿岸的大型油田几乎都被美英石油公司所控制。英国石油公司与俄罗斯第二大石油公司卢克石油建立战略合作关系，于 2003 年成立了秋明－英国石油（TNK-BP），位列世界十大私营石油公司榜单之中。埃克森美孚和皇家壳牌获得了开发俄罗斯远东萨哈林岛油气的授权。莫斯科竭力对抗华盛顿的能源布局，但从战略层面来看，到 2004 年时莫斯科仍处于下风。

从那时起，华盛顿开始把目光投向欧亚大陆的另外一个大国——中国。中国正逐渐成为世界经济的引擎，日益依赖石油进口，与俄罗斯倚重油气出口恰恰相反。

第十二章

兵临城下：

下一个目标——中国

China Becomes the New Target

在伊拉克和俄罗斯之后，美国马上将目光转向中国。阻止石油流向这个正在崛起的大国，早已是美国之前的棋中之意，在打击了欧亚大陆最有可能崛起的对手俄罗斯后，终于可以将精力放在中国。实际上，石油严重依赖进口的中国在积极对外寻求合作的过程中，美国始终如幽灵般如影随形。美国一占领伊拉克，就马上废除了中石油和伊拉克的石油开采合同；中国刚刚与苏丹签署在达尔富尔开采石油协议后，美国就挑唆当地内战全面爆发；美国还在缅甸煽动“袈裟革命”，干扰中缅油气管道建设和在建港口等。在中非石油合作渐有眉目时，美国便组建美军非洲司令部，其目标就是中国。美国所做的这一切，都是为了控制中国的石油来源，进而控制中国。对于美国来说，针对中国的这场石油战争才刚刚开始。

崛起的对手

基辛格曾说："如果你控制了石油，就控制了所有国家。"华盛顿对此不遗余力，其用兵之道与大英帝国当年的策略如出一辙。

当时，英国把"均势外交"奉为圭臬，一旦发现欧洲大陆有强国崛起而可能威胁自身所构建的政治军事"均势"，英国就通过外交手段与他国结盟，共御强敌。18世纪初期的西班牙王位继承战争中，英国与相对较弱的葡萄牙联手，共同应对强大的西班牙。20世纪30年代，英国首相张伯伦与希特勒领导的德国政府结盟，对付强势的法国。但事实证明，这一做法并未达到预期效果。

就地缘政治角逐而言，冷战结束后最有可能挑战美国霸权的是俄罗斯和中国。如果二者联手，将会威胁美国的全球主导地位。苏联于1991年解体，但俄罗斯的核力量依然令人生畏，华盛顿的重点无疑是包围俄罗斯，让它永久丧失抗衡能力，或者四分五裂。相比之下，中国那时正借鉴市场经济理念埋头发展经济，主政的是中共领导人邓小平，他被誉为中国改革开放的"总设计师"。

当时，美国的军事实力无人能及，中国不构成任何战略威胁。华盛顿的战略家们思前想后，认为只要能说服中国领导人把经济与美国挂钩，中俄就无法联手。华盛顿对付中俄两国的策略很明确，借用罗马帝国的格言就是"分而治之"。

改革开放后，美国开始把制造业外包给中国，在利用廉价劳动力的同时，双方基于经济合作需求开展多领域交流，其中可口可乐公司在上海办厂就是这一策略的体现。到了20世纪90年代，中国迫切希望加入世界贸易组织。既然世贸组织的规则由美国制定，华盛顿对中国的发展也就放松了戒心。

1998年，俄罗斯主权债务危机爆发，国力由此衰落，明显处于美国和北约的遏制之下，其对美国的威胁也大大削弱。进入21世纪，美国战略界逐渐把中国视为潜在的威胁。

平地起惊雷

“9·11”事件之后，小布什发动了一场定义模糊的反恐战争。虽然“敌人”是开放式的，但重点明显是针对伊斯兰世界。中东地区恰恰拥有惊人的石油储量。对中国而言，美国的这一战略不亚于平地起惊雷。

舆论当时认为，中国虽然未来可能与美国发生对抗，但在此之前或许仍有10年乃至更多的和平发展时间，中国据此制定了经济发展战略，但美国的反恐战争意味着和平的日子屈指可数。然而，美国的反恐战争不仅使美国自身深陷泥潭，也导致国际局势复杂多变。

2003年3月，美国发动伊拉克战争。“震慑行动”发起几天后，中国的官方媒体《人民日报》发表评论，认为美国在中东的行动“是为了谋求全球霸权”。中国官方的智囊机构也指出，美国入侵伊拉克违反了安理会决议和国际法准则，是迈向“建立美国主导的世界新秩序”的第一步。[1]

不出所料，美军占领伊拉克后，马上废除了中石油和伊拉克政府的石油开采合同。中国对华盛顿的战略疑心进一步得到验证，美国此战的主要目的之一就是防止伊拉克的石油落入中国囊中，而非本·拉登或大规模杀伤性武器。正如基辛格所言：“如果你控制了石油，你就控制了所有国家。”即使是像中国这样的大国也不例外。

美国占领伊拉克，主要不是为了自己获得廉价石油，真正的目的是阻止石油流向正在崛起的对手，尤其是中国。当然，这些想法是说不出口的。中东石油原本就属于美英势力范围，发动这场先发制人的战争，就是让中国在那里无立锥之地。

2001 年 6 月，也就是伊拉克战争爆发将近两年前，切尼主导编写的《美国国家能源政策报告》出炉，其中有这样一段话：

> 亚洲已探明石油储量不到世界储量的 5%，但产量占到 10%，消费量更是高达 30%。到 2020 年，环太平洋地区发展中国家的石油进口将比 1997 年增加 43%，亚洲的发展中国家仍将主要依赖中东石油。[2]
>
> 从 20 世纪 90 年代中期开始，中国由石油出口国变为进口国。从现在到 2020 年，中国进口石油将从每天 100 万桶增加到 500 万至 800 万桶，其中超过 70% 来自中东。中国成为全球能源市场的重要玩家。[3]

第二次世界大战结束后，远程兵力投送成为美国霸权的支柱之一，为的是从源头上控制全球石油资源。派兵控制中国主要的能源来源地，进而对中国未来的经济发展预设羁绊，自然成为布什家族和洛克菲勒帝国的头等军事和地缘政治大事。对与上述权力集团关系盘根错节的军工复合体而言也是如此，最具代表性的莫过于切尼的哈利伯顿公司，它是世界最大的石油服务商，也是美军在全球军事设施的最大承包商。

2000 年，美国空军请兰德公司对 2020 年前中国的能源需求作出评估，项目负责人是扎尔梅·哈利勒扎德博士。与此同时，切尼的“美国新世纪计划”智库正在积极策划推翻萨达姆。

兰德公司的评估结论是：

> 随着对国外能源需求的增加，中国的能源安全政策在逐渐改变。从石油净出口国变为净进口国，这引起了中国领导人的高度关

> 注，他们认为进口石油会成为战略弱点，容易受制于外国势力。美国是当今世界头号强国，很多中国人认为，美国对中国的崛起不会善罢甘休，所以中国政府把美国视为本国能源安全的主要威胁，并在行动上有所反应。这些措施主要是为了有备无患，旨在最大程度减少本国石油供应的脆弱性，避免受制于美国。[4]

作为项目负责人，哈利勒扎德对美国策动的石油战争可谓了如指掌，实际上他就是阿富汗和伊拉克战争的策划者之一。他从阿富汗移民美国，与鹰派的新保守主义者打得火热。在哥伦比亚大学期间，他曾跟随布热津斯基工作，后在卡特和里根任职期内又参与扶植阿富汗游击队以搞垮苏联。当时，中情局对游击队提供了非常规战争培训，参训的就有沙特年轻的本·拉登。

后来，哈利勒扎德同切尼、沃尔福威茨等一起创建了“美国新世纪计划”这一智库。在进入小布什政府之前，他的身份是美国尤尼科石油公司代表，在阿富汗与中情局扶植的卡尔扎伊共事，与塔利班政权商讨在阿富汗境内铺设油气管道之事。小布什和切尼上台后，他又参与策划了阿富汗战争，推翻了塔利班政权。后来，他被小布什任命为驻阿富汗大使，随后又任驻伊拉克大使。[5]

随着中国经济的飞速发展和人民生活水平的提高，国内的石油产量已远远不能满足需求，国外石油资源对中国的战略意义日趋上升。哈利勒扎德和五角大楼早在2000年就清楚地看到了这一点，进而开始进行阻击。

居安思危

2003年，中国超过日本，成为继美国之后第二大石油消费国，并在一年后成为第二大石油进口国。[6]

随着中国经济的发展，国内中产阶层不断扩大，对私家车的需求节节攀升，石油产品的消费也大幅增加，进口石油增幅达年均10%至15%。据总部在巴黎的国际能源署（IEA）估计，从2002年到2030年，中国进口石油将增加5倍，从每天200万桶升至1100万桶。这就意味着80%的石油要依赖进口，一旦与美国的关系搞僵，中国经济面临的风险极高。[7]

中国自1993年起成为石油净进口国

美国占领伊拉克，给中国敲响了警钟。中国领导人已经认识到，过度依赖进口油气成为国家经济和战略的致命弱点。如果在石油时代不能确保充足的石油供应，后果不堪设想，非但经济上如此，军事上更是这样，这也是德国在两次世界大战中得出的惨痛教训。

一位战略研究人员曾在《韩国防务分析杂志》发表文章称："美国主导的'反恐战争'以及阿富汗和伊拉克战争，让中国对自身的能源安全深感不安。"[8]对于伊拉克战争后中国面临的两难境地，这位专家的分析言简意赅：

> 波斯湾对于世界石油供应的战略意义不言自明，现在美国在该地区作威作福，世界各国包括中国对此有目共睹。印度洋是中国进口石油的必经通道，也处在美军控制之下。所以，不难理解，中国所关心的不只是上述问题对其全球战略地位的影响，还有对本国经济、社会乃至政治稳定的影响。因此，中国积极推动能源多元化，

拓展能源运输新路径势在必行。[9]

中国政府据此制定了国家能源安全战略，鼓励国有石油企业走出去，努力与外国签署石油开采协议，同时铺设从中亚和俄罗斯到中国的陆地油气管道，确保石油供应的长期稳定。中国还在西方传统势力范围之内的非洲展开积极的外交。简而言之，石油成为中国国家安全的头等大事。

2005 年，中国正在追赶西方工业化的快车道上全速前进。美国著名经济学家戴维·黑尔在当年的一份报告中指出：

中国崛起为全球经济大国，这是 21 世纪初的一个标志性事件。改革开放以后，中国的发展动力十足，迅速成为全球主要贸易国之一……目前，中国的制造业产值超过 1 万亿美元，5 年内这一数值可能超过美国。与此同时，中国也成为主要的原材料进口国。其贱金属的消费已超过美国，能源消耗仅次于美国居世界第二。[10]

为确保能源供应，中国的石油公司开始涉足波斯湾，尤其是伊朗和沙特。到 2009 年，沙特出口中国的石油比出口美国的还要多，多少让人感觉沙特越来越注重与东方打交道，难怪美国会不寒而栗。

中国寻求石油的足迹不但涉及哈萨克斯坦等中亚国家，还有俄罗斯以及委内瑞拉和巴西等拉美国家。

就寻求石油和矿产资源而言，中国在非洲的行动最为积极，而非洲国家中最欢迎中国的是苏丹。苏丹被控支持恐怖主义，多年来一直受到华盛顿的经济制裁。

团结非洲兄弟

美国对中国崛起的遏制态势日趋明显，中国对此审时度势，花大力气增进与非洲国家的友谊。在 20 世纪 80 年代至 90 年代，因为外债和国际货币基金组织的种种限制，很多非洲国家在财政和经济上遭受重创。

1999 年，中国和非洲的贸易额仅 60 亿美元。中非合作论坛于 2000 年创立后，中非双边贸易额到 2004 年就增至 300 亿美元，并以每年约 50% 的速度递增，照此下去，会很快超过美国与非洲的贸易额（2004 年为 590 亿美元）。[11]

中国在非洲大地上广交朋友，提供无息贷款，建设当地急需的水利设施、公路、学校、医院，与非洲国家建立了稳固的经贸联系。这些援助不附带国际货币基金组织的苛刻条件，非洲自然对中国张开了友好的双臂。

“传统基金会”极为保守，是共和党的智库，与小布什政府关系紧密。对于中国的能源诉求，该基金会不断给华盛顿敲响警钟。它指出：“目前中国约 25% 的石油来自非洲。通过投资、高层访问以及‘不干涉内政’的政策，中国极大发展与非洲能源供应国的关系，非洲的独裁者们对此也十分满意。”[12]

从 2004 年开始，中国在非洲展开了前所未有的外交活动，与多个资源丰富的国家签订了令人眼花缭乱的合作协议。美英等国对非洲不屑一顾，而中国当年与非洲的高层党政互访就有 10 多次。2004 年 2 月，胡锦涛主席访问了阿尔及利亚、加蓬和尼日利亚这三个石油生产大国。

中国给安哥拉 20 亿美元的贷款，用于基础设施建设，安哥拉则每天向中国提供 1 万桶原油。2005 年，中石油与尼日利亚国家石油公司签订了 8 亿美元的合同，每天从尼日利亚进口 3 万桶石油，为期一年。尼日利亚曾被华盛顿看作是埃克森美孚、壳牌、雪佛龙等美英石油公司的地盘，现在看来要花落别家了。

中海油曾计划收购美国尤尼科石油公司，但受到美国政府和雪佛龙的阻挠。后来，中海油以 22.7 亿美元收购了尼日利亚一个近海油气田 45% 的股份，并承诺再投资 22.5 亿美元用于油田开发。中石化也与加蓬签署了协议，开发那里的石油资源。[13]

2006年11月，北京召开了史无前例的中非峰会，邀请到48个非洲国家，其中包括43位国家元首，给予非洲领导人极高的礼遇。峰会后不久，外交部部长李肇星访问了非洲七国——贝宁、赤道几内亚、几内亚比绍、乍得、中非、厄立特里亚和博茨瓦纳。此访同样是为了加深与非洲的友谊，增进经济合作，加强人才培养，推动医疗、教育、农业等领域的发展。中国十分关注非洲长期以来所忽略的问题，像铁路和公路建设、通信设施建设等，因此受到了衷心的欢迎。

普林斯顿·莱曼曾任美国驻尼日利亚和南非的大使，也是外交关系协会和国家民主基金会的理事。他认为，中国在非洲扩大影响不仅是要获取资源，还有更深层次的战略考量。这是一个多方位的战略，把非洲看作“日趋重要的原材料产地和产品销售市场，尤其是在粮食、制造业、工业产品等领域”。[14]

简单地说，华盛顿只是把非洲当作事实上的殖民地，利用国际货币基金组织对其进行压榨，掠夺其原材料，但中国的政策让这一现状难以维系。

中国对非洲的政策引来了华盛顿的不满，后者莫名其妙地指责中国正竭力“从源头上确保石油供应”。其实，真正以石油为政策核心的是华盛顿，一个多世纪以来一直如此。中美对非洲石油的关注，在苏丹体现得最为明显，因为达尔富尔地区盛产石油。

石油惹的祸

1999年，中国在苏丹的投资总额超过150亿美元，涉及管道建设及石油精炼，获益也较大。中石油是苏丹最大的外资企业，在油田开发上投资约50亿美元，拥有喀土穆附近一家炼油厂50%的股份。大尼罗河石油作业公司拥有苏丹众多油田，中石油是其最大股东，持有40%的股份。中石油还在苏丹修建了一条新管线，从南部地区到红海之滨的苏丹港，然后从那里把石油运往中国。

到 2006 年，苏丹成为中国第四大石油进口国。2007 年，中国 8% 的石油来自苏丹南部地区。苏丹日产原油 50 万桶，其中 80%运往中国。[15]

中国与苏丹的石油合作日趋紧密，并在达尔富尔地区发现了一处巨型油田，据称可能延伸到乍得和喀土穆。华盛顿知道后如坐针毡。2003 年 2 月，中国刚刚和苏丹政府签署了有关在达尔富尔开采石油的协议，当地的内战就全面爆发了。内战得到了美国的暗中支持，目的是把盛产石油的南方从北方分离出去。

2005 年，苏丹信息通信部部长萨达拉在接受《洛杉矶时报》的采访时称："华盛顿给苏丹政府施压，不让我们与中国石油公司打交道，但我们顶住了压力。苏丹和中国的关系具有战略意义，不能因为美国人不高兴，我们就对中国人置之不理。"[16]

西方谴责民间武装在达尔富尔地区的暴力冲突和人道主义危机，这纯粹是贴标签的做法，国务卿鲍威尔还曾一度呼吁北约军队介入以"确保和平"。[17] 邻国乍得与苏丹的边境没有设防，据称美国情报部门就私下给乍得独裁者伊德里斯·代比提供武器及其他援助，为达尔富尔的乱局火上浇油。[18]

此外，美国还支持所谓的苏丹解放军首领约翰·加朗，并为其提供武装，一直到他 2005 年去世。此人曾在臭名昭著的班宁堡美国军事学校受训，那里培养出不少受美国指使的拉美武装分子。[19]

美军剑指非洲

看到中国在非洲的经济活动如火如荼，小布什政府和五角大楼很快便决定对此采取行动。2006 年中非合作论坛结束后不久，时任美国总统小布什便签署命令，组建美军非洲司令部，负责在非洲的军事行动。

非洲司令部的使命包括："以军事行动确保非洲的稳定与安全，为美国的对外政策提供支持。”[20]美国政府第一次把门罗主义和卡特主义延伸为非洲主义，宣称非洲石油是美国“国家安全”的重点。

美军剑指非洲，其目标就是中国。

美国海军现代冲突研究中心曾比较了美中两国对非洲的政策，并指出，冷战结束以来美国对非洲的态度日渐冷漠，而中非贸易额几乎每年翻一番。该中心的非洲问题专家利蒂希亚·劳森写道：

> 未来几年，美国非洲政策面临的最大挑战来自中国。最近，涉及中国和非洲的战略讨论都离不开“石油”二字……美国逐渐意识到非洲石油对自身利益的重要性，中国也在不遗余力地拓展其市场份额。进入21世纪，中非在经济和政治上的合作意义重大，远远超出了能源的范畴。2002年到2003年，中非贸易额翻了一番，到2005年又翻了一番……而且势头不减。中国目前是非洲的第三大贸易伙伴，超过了老牌殖民强国英国，仅次于美国和法国。[21]

作为美国国务院和国防部的顾问，彼得·范公开宣称，建立美军非洲司令部的目的是：

> 确保获取非洲丰富的石油和其他战略资源……这一使命包括……保证这些资源的安全，不让中、印、日、俄等国获得垄断地位或特别待遇……当前美国在全球的真正竞争对手是中国，非洲将在美中战略竞争中成为越来越重要的舞台……[22]

小布什任职末期，针对中国在全球的能源举措，华盛顿展开了一系列的反制行动。在缅甸煽动“袈裟革命”，破坏中缅能源合作，干扰中缅油气管道建设和在建港口。

美国和印度建立军事联盟，是为了对付中国。奥巴马总统在阿富汗和巴基斯坦加强军事行动，目的也是防止中国获得欧亚油气资源。

2007年，美国遭遇了国际金融危机，其自身经济和财政状况也困顿不堪，因而迫切需要一个新战略，以控制中国、俄罗斯、巴西等迅速崛起的新兴经济体。早在2003年，五角大楼颇具神秘色彩的净评估办公室就发布了一份战略评估，准备以新的方式来控制世界能源消费的增长。这一工具被称作“温室效应”，是由人类燃烧化石燃料所致，石油和天然气就是“罪魁祸首”。华盛顿的“石油峰值论”早已破灭，“全球变暖”却再擂战鼓，但其目的始终一成不变，那就是帮助美国独霸世界。

注　释

总序

[1]美国国防部（US Department of Defense）. 2022 年国防战略简报（Fact Sheet: 2022 National Defense Strategy）. 2022-03-28, https://media.defense.gov/2022/Mar/28/2002964702/-1/-1/1/NDS-FACT-SHEET.PDF。

[2]哈尔福德·麦金德爵士（Sir Halford J. Mackinder）. 民主的理想与现实（Democratic Ideals and Reality）. New York: Henry Holt & Co., 1919.150。

[3]哈尔福德·麦金德爵士（Sir Halford J. Mackinder）. 圆形世界与赢得和平（The Round World and the Winning of the Peace）. Foreign Affairs, Vol. 21, No. 4, 1943. 601。

[4]维多利亚·纽兰（Victoria Nuland）. 美国–乌克兰基金会（US-Ukraine Foundation）. 2013-12-13, https://www.youtube.com/watch?v=rPVs5VuI8XI。

[5]兹比格涅夫·布热津斯基（Zbigniew Brzezinski）. 大棋局：美国至高及其地缘战略要务（The Grand Chessboard: American Primacy and Its Geostrategic Imperatives）. New York: Basic Books, 1997。

[6]西摩·赫什（Seymour Hersh）. 美国如何摧毁北溪管道（How America Took Out The Nord Stream Pipeline）. 2023-02-08, https://seymourhersh.substack.com/p/how-america-took-out-the-nord-stream.《纽约时报》称其为“谜团”，美国实施的秘密海上行动一直掩人耳目，现在终于真相大白了。

[7]同注[5]。

[8]克劳斯·施瓦布（Klaus Schwab）（世界经济论坛创始人兼执行主席）. 可持续发展：现在是实施“大重置”的最佳时机（Sustainable Development: Now Is the Time for a “Great Reset”）. 2020-06-03, https://www.weforum.org/agenda/2020/06/now-is-the-time-for-a-great-reset/。

第一章 本性难移："大中东"狼烟四起

[1]纳特·安德森（Nate Anderson）. 用推特把暴君赶出突尼斯：如日中天的全球因特网（Tweeting Tyrants Out of Tunisia：Global Internet at Its Best）. Wired，2011-01-14。

[2]同上。

[3]威廉·恩道尔（F. William Engdahl）. 维基解密：美国政府一个危险的骗局（Wikileaks：A Big Dangerous US Government Con Job）. 2010-12-07, http：//www.engdahl.oilgeopolitics.net。

[4]杰克·布拉德（Jack Blood）. 突尼斯，安息吧：中央情报局的茉莉花革命（Tunisia R.I.P.—The CIA's Jasmine Revolution）. http:// forum.prisonplanet.com/index.php ? topic=199513.0。

[5]伊恩·约翰逊（Ian Johnson）. 持续呼吁在中国进行一场"茉莉花革命"（Calls for a "Jasmine Revolution" in China Persist）. 2011-02-23。

[6]吉尔伯特·阿赫卡尔（Gilbert Achcar）. 对一个不存在地区——"大中东"的幻想：美国的计划（Fantasy of a Region that Doesn't Exist—Greater Middle East: the US Plan）. Le Monde Diplomatique, 2004-04-04, http:// mondediplo.com/2004/04/04world。

[7]理查德·珀尔、道格拉斯·费思等（Richard Perle, Douglas Feith, et al. ）. 彻底决裂：获得领地的新战略（A Clean Break：A New Strategy for Securing the Realm）. Washington and Tel Aviv, The Institute for Advanced Strategic and Political Studies，1996，http：//www.iasps.org/strat1.html。

[8]吉尔伯特·阿赫卡尔（Gilbert Achcar）. 前揭文。

[9]乔治·布什（George W. Bush）. 总统在南卡罗来纳大学毕业典礼上的讲话（Remarks by the President in Commencement Address at the University of South Carolina）. White House, 2003-05-09。

[10]吉尔伯特·阿赫卡尔（Gilbert Achcar）. 前揭文。

[11]基层监督中心（The Center for Grassroots Oversight）. 1954-1970 年：中情局和穆斯林兄弟会盟友反对埃及总统纳赛尔（1954-1970: CIA and the Muslim Brotherhood Ally to Oppose Egyptian President Nasser）. http: // www.historycommons.org/context.jsp item=western_support_for_islamic_militancy_202700&scale=0。纳赛尔时期中情局派驻埃及的特工迈尔斯·科普兰曾指出，由于纳赛尔的世俗政权反对以泛伊斯兰教义治国，所以遭到穆斯林兄弟会的反对，中情局趁机与穆斯林兄弟会建立了密切关系。

[12]J·雅各布（Jijo Jacob）. 何谓埃及的"4·6"运动?（What is Egypt's April 6 Movement ?）. 2011-02-01，http://www.ibtimes.com/articles/107387/20110201/what-is-egypt-s-april-6-movement.html。

[13]威廉·恩道尔（F. William Engdahl）. 霸权背后：美国全方位主导战略（Full Spectrum Dominance：Totalitarian Dominance in the New World Order）. Wiesbaden: Edition Engdahl，2009。该书全面论述兰德公司在完善美国情报和军事机构的"蜂拥"和其他秘密的

政权更迭技术方面的作用。
[14] 国家民主基金会（National Endowment for Democracy）. 2009 年中东和北非项目亮点（Middle East and North Africa Program Highlights 2009）. http：//www.ned.org/where-we-work/middle- east-and-northern-africa/middle-east-and-north-africa-highlights。
[15] 阿米塔布 · 帕尔（Amitabh Pal）. 吉恩 · 夏普接受《进步》杂志采访（Gene Sharp：The Progressive Interview）. The Progressive，2007-03-01。
[16] 伊曼纽尔 · 西望（Emmanuel Sivan）. 为何激进的穆斯林未接管政府?（Why Radical Muslims Aren't Taking over Governments）. Middle East Quarterly，1997-12，3-9。
[17] 卡内基基金会（Carnegie Endowment）. 埃及变革运动（卡法亚）(The Egyptian Movement for Change，Kifaya）. http://egyptelections.carnegieendowment.org/2010/09/22/the-egyptian-movement-for-change-kifaya。
[18] 纳迪亚 · 奥维达特等（Nadia Oweidat，et al）. 卡法亚运动：一个基层改革倡议的案例研究（The Kefaya Movement: A Case Study of a Grassroots Reform Initiative）. Prepared for the Office of the Secretary of Defense，Santa Monica，Ca.，RAND_778.pdf，2008：iv。
[19] 同上。
[20] 要了解有关兰德公司"蜂拥"技术的更为详细的介绍，见威廉 · 恩道尔（F. William Engdahl）. 霸权背后：美国全方位主导战略（Full Spectrum Dominance：Totalitarian Democracy in the New World Order）. Wiesbaden: Edition.Engdahl，2009. 34-41。
[21] 纳迪亚 · 奥维达特等（Nadia Oweidat，et al）. 前揭文：48。
[22] 同上：50。
[23] 同上。
[24] 同上：iii。
[25] 米歇尔 · 乔苏多夫斯基（Michel Chossudovsky）. 埃及的抗议运动："独裁者"并不独裁，他们从命行事（The Protest Movement in Egypt："Dictators" do not Dictate, They Obey Orders）. 2011-01-29，http: //www.globalresearch. ca/index.php ？ context=va&aid=22993。
[26] 艾伦 · 温斯坦（Allen Weinstein）. 引自：戴维 · 伊格内修斯（David Ignatius）. 开放是民主的秘诀（Openness is the Secret to Democracy）. Washington Post National Weekly Edition，1991-09-30，24-25。
[27] 国家民主基金会（National Endowment for Democracy）. 理事会（Board of Directors）. http：//www.ned.org/about/board。
[28] 戴维 · 罗思斯卡姆（David Rothscum）. 世人都在欢呼中情局搞乱利比亚（The World Cheers as the CIA Plunges Libya Into Chaos）. Global Research，2011-03-02, http：//globalresearch.ca/index. php ？ context=va&aid=23474。
[29] 潘基文（Ban Ki-Moon）. 引自：奥马里 · 塞伦（Omri Ceren）. "保护的责任"并非全新（"Responsibility To Protect" Not Remotely New）. 2011-03-20，Commentary。

[30]全球“保护责任”中心(Global Centre for the Responsibility to Protect).我们是谁?(“Who We Are”)。

[31]乔治·索罗斯(George Soros).人民主权:旧思想的新转变是如何保护世界上最弱势人口的(The Peoples' Sovereignty: How a New Twist on an Old Idea can Protect the World's Most Vulnerable Populations).Foreign Policy, New York, 2004-01-01。

第二章 弥天大谎:石油峰值论

[1]马克·赫尔伯特(Mark Hulbert).连锁:美国的银行、石油利益、沙阿的资金、债务及它们之间惊人联系的前所未闻的故事(Interlock: The Untold Story of American Banks, Oil Interests, the Shah's Money, Debts and the Astounding Connections Between Them).New York: Richardson & Snyder, 1982. 40-41。

[2]洛克菲勒档案中心(The Rockefeller Archive Center).劳伦斯·洛克菲勒(Laurence S. Rockefeller).http: // www.rockarch.org/bio/laurance.php#lsr14。

[3]纽约外交关系协会(New York Council on Foreign Relations).外交关系协会历史钩沉(History of the CFR: The Inquiry).http://www.cfr.org/about/history/cfr/inquiry.html。该协会的官方文本故意地忽略了摩根大通、伦敦金融城和洛克菲勒集团在建立这个英美联盟(即这家世界历史上最有影响力的外交政策智库)中的角色,而仅仅指出:“1919年5月30日,一小群来自英国和美国的外交官和学者在英国代表团住宿的马杰斯蒂克酒店召开会议,讨论他们的友谊如何在和平后得以维持。他们提议成立一个永久性的英美国际事务研究会,一个分支设在伦敦,另一个设在纽约。”这让人听起来感觉像是一个共济会分会全体成员的重聚。

[4]威廉·恩道尔(F. William Engdahl).金钱诸神:华尔街与“美国世纪”的破灭(Gods of Money: Wall Street and the Death of the American Century). Wiesbaden: edition. engdahl, 2010. 272-274。

[5]怀亚特·韦尔斯(Wyatt Wells).反托拉斯及战后世界的形成:来自石油的另类看法(Antitrust and the Formation of the Postwar World-Looking the Other Way: Petroleum).New York: Columbia University Press, 2002.195。

[6]当代传记年鉴(Current Biography Yearbook).瓦西里·列昂惕夫(Wassily Leontief).New York: The H.W. Wilson Company, 1967. 248-249。另见:卡伦·波伦斯基(Karen R.Polenske).瓦西里·列昂惕夫(1905-99年)(Wassily W. Leontief, 1905-99).Economic Systems Research, 1999(11): 4, 341-348。

[7]同上:2。

[8]关于列昂惕夫项目应用的有趣但有争议的讨论,见:哈特福德·范·戴克(Hartford Van

Dyke）于1979年发表的一份文件，题为《无声战争的无声武器：运筹学技术手册TM-SW7905.1》（Silent Weapons for Quiet Wars: Operations Research Technical Manual TM-SW7905.1）。虽然围绕在空军基地复印机中发现该文件的传说大多可以忽略不计，但实际文件的内容令人着迷，读起来非常合理。金·哈伯特（M.King Hubbert）1956年的论文以及他关于经济的其他著作［如1988年3月8日他接受斯蒂芬·安德鲁斯（Stephen B.Andrews）进行的一次为时4小时的最后采访（见 http://www.technocracytechnate.org/index.php?topic=3.0）］，非常符合哈特福德·范·戴克《无声战争的无声武器》中描述的能源即社会控制的模型，也就是说所有社会生活的统治者都将能源控制用于经济［见：哈特福德·范·戴克（Hartford Van Dyke）. 无声战争的无声武器——编程入门手册（Silent Weapons for Quiet Wars: An Introduction Programming Manual）. http://www.rexresearch.com/dyke/slntwpn.html］。

[9] 瓦西里·列昂惕夫（Wassily W. Leontief）. 2000年的世界经济（The World Economy of the Year 2000）. Scientific America, 1980-09, Vol.243，No.3：166-181。

[10] 约翰·布莱尔（John M. Blair）. 控制石油（The Control of Oil）. New York：Pantheon Books，1976.197-199。

[11] 金·哈伯特（M. King Hubbert）. 罗纳德·德尔在马里兰州贝塞斯达采访（Interview with Ronald Doel, in Bethesda, MD）. 1989-01-27，http：//www.aip.org/history/ohilist/5031_6.html。

[12] 金·哈伯特（ M. King Hubbert）. 能量资源（Energy Resources）. National Academy of Sciences National Research Council，Washington D.C.，1962，43。

[13] 迈克尔·霍尔布蒂（Michael T. Halbouty）. 美国的石油并未"开采殆尽"（The United States is not "Drilled Out"）, entered by US Congressman Ron Paul into the Congressional Record, 1980-02-20，E 693。

[14] 金·哈伯特（M. King Hubbert）. 核能与化石燃料（Nuclear Energy and the Fossil Fuels）. American Petroleum Institute paper, 1956-03-07，Publication No. 95，Shell Development Corporation, Houston, Texas, 1956-06, http://www. oilcrisis.com/hubbert/1956/1956.pdf。

[15] 肯尼思·德费耶（Kenneth S. Deffeyes）. 哈伯特峰值：即将来临的世界石油短缺（Hubbert's Peak：The Impending World Oil Shortage）. Princeton：Princeton University Press，2001.135。

[16] 金·哈伯特（ M. King Hubbert）. 罗纳德·德尔在马里兰州贝塞斯达采访（Interview with Ronald Doel in Bethesda，MD）. 1989-01-27,http://www.aip.org/history/ohilist/5031_6.html。

[17] 让-保罗·罗德里格、克劳德·孔图瓦、布莱恩·斯莱克（Jean-Paul Rodrigue，Claude Comtois, Brian Slack）. 世界石油年产量（1900-2008年）以及石油峰值（2010年方案）［World Annual Oil Production（1900-2008）and Peak Oil（2010 Scenario）］. The Geography of Transport Systems. New York: Routledge, 2009, http://people.hofstra. edu/geotrans/

eng/ch5en/appl5en/worldoilreservesevol.html。

[18]金·哈伯特（M. King Hubbert）. 确定最可能的东西（Determining the Most Probable）. Technocracy, Series A, No. 12, 1938-06, reprinted in http：//www.technocracyinc.org。

[19]威廉·艾金（William E. Aikin）. 技术统治与美国梦：技术统治运动（1900-1941年）（Technocracy and the American Dream: The Technocracy Movement 1900-1941）. Berkeley: University of California Press,1977. 101。

[20]技术统治联盟网站（Website of Technocracy Incorporated）. 有关技术统治的社会目标声明（Statement of the Social Objectives of Technocracy）.1933, archive.org/web/ 20010730223951/www.technocracy.org/articles/social-objectives.html。

[21]罗伯特·希克森（Robert L. Hickerson）. 哈伯特生存良方：稳态经济（Hubbert's Prescription for Survival：A Steady State Economy）. 1995-03-01，http：//www.mkinghubbert-technocracy. blogspot.com。

[22]国家科学院（National Academy of Sciences）. 致会员的信：向金·哈伯特致敬）(Letter to Members：A Tribute to M. King Hubbert）. 1990-04，Vol.1, No. 4, Washington D.C., reprinted in http：// www.oilcrisis.com/hubbert/tribute.html。

[23]联邦能源管理局独立蓝图项目跨机构石油课题组（Federal Energy Administration，Project Independence Blueprint, Interagency Taskforce on Oil）. 石油：未来生产的可能水平（Oil: Possible Levels of Future Production）. 课题组最终报告第5部分（Final Task Force Report, Pt.5）. Government Printing Office，Washington D.C.，1974. II-9。多年来，笔者对得克萨斯州、俄亥俄州、新墨西哥州和加利福尼亚州的独立石油生产商进行了多次采访，证实了美国国内石油产量下降的原因是由于中东廉价石油的进口，这在能源辩论中很少提及。

[24]有关摩萨台政变的详细报告，见威廉·恩道尔（F. William Engdahl）. 石油战争：石油政治决定世界新秩序（ A Century of War：Anglo-American Oil Politics and the New World Order）. London: Pluto Press, 2004. 91-96。

[25]怀亚特·韦尔斯（Wyatt Wells）. 反托拉斯及战后世界的形成：来自石油的另类看法（Antitrust and the Formation of the Postwar World-Looking the Other Way: Petroleum ）. New York：Columbia University Press，2002.187- 189。

[26]同上. 196-197。

[27]克劳弗德·古德温等（Craufurd D. Goodwin, et al.）. 能源政策透视（Energy Policy in Perspective）.1981，The Brookings Institution，Washington, D.C.: 223-239, 526-527。

[28]有关中情局20世纪60年代在亚洲海洛因走私活动中的角色，详见：艾尔弗雷德·麦科伊（Alfred W. McCoy）. 东南亚海洛因政治（The Politics of Heroin in Southeast Asia）. Lawrence Hill Books，revised edition, 1991。

第三章 始料未及：第一次石油危机

[1]美国国会（Congress of the United States）. 1944年布雷顿森林法案（The Bretton Woods Act of 1944）. Public Law 171, 1945-07-31, http://www.scribd.com/doc/36078042/Bretton- Woods-Act-1944。

[2]对1944年后“美国世纪”在布雷顿森林体系下形成的更详细的论述，见：威廉·恩道尔（F. William Engdahl）. 金钱诸神：华尔街与“美国世纪”的破灭（Gods of Money: Wall Street and the Death of the American Century）. Wiesbaden: Edition. Engdahl，2010. 233-240。有关1945年联邦储备黄金储备的详细信息，见：菲利普·卡根（Phillip Cagan）. 货币存量变化的决定因素：1875-1960年（Determinants of Change in the Stock of Money: 1875-1960）. New York：Columbia University Press，1965. 341。

[3]佚名（Unsigned）. 欧元美元和美元危机（Eurodollar and the Dollar Crisis）. Peking Review, #11, 1973-03-16：12-14。

[4]1939年第二次世界大战前，纽约外交关系协会就开始了一项绝密项目——“战争与和平研究”。美国这个新兴超级大国的战略家们决定采取一项深思熟虑的战略，用以创造一个由美国力量主导的世界，但明确避免将其称为“帝国”。相反，他们用《时代》和《生活》创始人和建制派内部人士亨利·卢斯的著名文章《美国世纪》中的话来称呼它。有关“战争与和平研究”的详细信息，见：威廉·恩道尔（F. William Engdahl）. 粮食危机：运用粮食武器获取世界霸权（Seeds of Destruction：The Hidden Agenda of Genetic Manipulation）. Montreal：Global Research, 2007. 105-109。

[5]彼尔德伯格会议（Bilderberg Meetings）. 萨尔特霍巴登会议（Saltsjoebaden Conference）.1973年5月11日至13日。1973年5月，萨尔特霍巴登的彼尔德伯格会议机密纪要摘录勾勒了戴维·洛克菲勒关于包括日本在内的能源三方合作的想法。1973年5月的利维演讲预测了一场“能源成本增加的危机”，如果处理不当，可能会“破坏世界货币体系”。就在6个月前，基辛格在1973年10月的“赎罪日战争”前夕批准向以色列运送武器，公开煽动沙特阿拉伯国王费萨尔宣布欧佩克石油禁运。20世纪80年代初，笔者在巴黎的一家书店偶然得到了这些机密会议纪要的一份极为罕见的私人副本，其主人是谢泼德·斯通（Shepard Stone），为彼尔德伯格会议的一位参与者。他还是1974年成立的颇具影响力的位于柏林的阿斯彭研究所的美国创始人。显然，他将该纪要与其他书籍和文件一起处理了。利维在会议上的演讲中谈到了“进口中东石油的大幅增加”。由于他的客户是主导中东的美国和英国大型石油巨头，作为知情人，他有充分的理由知道这一点。利维接着谈到了“沙特阿拉伯等国前所未有的外汇积累……”的问题，这表明了基辛格后来所说的“阿拉伯石油美元回流”的问题。利维接着概述了中东欧佩克产油国的收入预测，计算出这一数字将增长400%以上，与1974年的实际数字非常接近。巴列维国王与洛克菲勒家族和基辛格的关系如此密切，以至于1979年在伊朗霍梅尼革命流放巴列维后，是基辛格、戴维·洛克菲勒和洛克菲勒家族的朋友约翰·麦克洛伊向民主党总统吉米·卡特施加了巨大压力，迫使

他不顾美国国务院的反对，将生病的巴列维接到美国接受治疗。这一决定引发了德黑兰的美国人质事件，从而为洛克菲勒的大通曼哈顿银行提供了借口，要求美国冻结伊朗在美国银行的资产，主要是洛克菲勒的大通曼哈顿银行，巴列维在那里持有他的主要账户。了解人质危机令人难以置信的背景以及洛克菲勒和基辛格在伊朗的作用，见：马克·赫尔伯特（Mark Hulbert）. 连锁：美国的银行、石油利益、沙阿的资金、债务及它们之间惊人联系的前所未闻的故事（Interlock：The Untold Story of American Banks，Oil Interests，the Shah's Money，Debts and the Astounding Connections Between Them）. New York: Richardson & Snyder,1982. 71-87。

[6]同上。

[7]同上。

[8]同上。1973 年 1 月 8 日，彼尔德伯格会议的美国高管罗伯特·墨菲的一份备忘录，包含了美国提出的当年 5 月与会者名单，其中有亨利·基辛格，尽管基辛格的名字没有出现在萨尔特霍巴登会议正式参与者名单上，要么是因为他的出席需要保密，要么是他无法出席。基辛格显然非常清楚会议的整个内容。墨菲备忘录是笔者从位于帕洛阿尔托的斯坦福大学胡佛研究所墨菲文件中获得的。

[9]马蒂·戈兰（Matti Golan）. 亨利·基辛格的秘密谈话：在中东的逐步外交（The Secret Conversations of Henry Kissinger: Step-by-Step Diplomacy in the Middle East）. New York: Bantam Books, 1976。

[10]约翰·布莱尔（John M. Blair）. 控制石油（The Control of Oil）. New York: Pantheon Books，1976. 262。

[11] 2000 年 9 月，笔者应谢赫·扎基·亚马尼（Sheikh Zaki Yamani）邀请，与他在伦敦进行过一次私人讨论。这是他告诉笔者的。另见：约翰·布莱尔（John M. Blair）. 前揭书 . 264。

[12]马克·赫尔伯特（Mark Hulbert）. 连锁：美国的银行、石油利益、沙阿的资金、债务及它们之间惊人联系的前所未闻的故事（Interlock: The Untold Story of American Banks，Oil Interests，the Shah's Money，Debts and the Astounding Connections Between Them）. New York: Richardson & Snyder，1982. 50-51。

[13]同上 . 71-72。

[14]同上 . 85。

[15]亨利·基辛格（Henry A. Kissinger）. 动乱年代（Years of Upheaval）. Boston: The Little，Brown & Co.，1982。

[16]克劳弗德·古德温等（Craufurd D. Goodwin, et al.）. 能源政策透视（Energy Policy in Perspective）. The Brookings Institution，Washington, D.C. 1981：526-527。

[17]约翰·布莱尔（John M. Blair）. 前揭书 . 176。

[18]詹姆斯·威廉斯（James L. Williams）. 原油价格的历史与分析（History & Analysis of Crude Oil Prices）.WTRG Economics, http://www.ioga.com/Special/crudeoil_Hist.html。

[19]约翰·布莱尔（John M. Blair）. 前揭书 . 261。

[20]沃尔特·利维（Walter J. Levy）. 世界石油合作还是国际混乱（World Oil Cooperation or International Chaos）. Foreign Affairs, 1974-07。Vol. 52, No. 4: 711。

[21]同上 : 699。

[22]约翰·布莱尔（John M. Blair）. 前揭书 . 254-255。

[23]佚名（Anon.）. 能源危机即将来临（Energy Crisis Ahead）. Editorial, The New York Times, 1972-04-10。

[24]自然资源部阿拉斯加地质与地球物理调查处（Alaska Division of Geological & Geophysical Surveys, Department of Natural Resources）. 阿拉斯加石油和天然气的估计可回收资源（Estimated Speculative Recoverable Resources of Oil and Natural Gas in Alaska）. State of Alaska, 1974-01。

[25]英国石油公司（British Petroleum）. 普拉德霍湾简报（Prudhoe Bay Fact Sheet）. 2006-08, http://www.bp.com/liveassets/bp_internet/us/bp_us_english/STAGING/local_assets/ downloads/a/A03_prudhoe_bay_fact_sheet.pdf。

[26]同上。

[27]意大利石油企业家恩里科·马太（Enrico Mattei）创造了“七姊妹”一词，用来描述二战后以铁腕统治世界石油市场的英美石油卡特尔。他试图在与苏联和其他石油生产商的石油交易中打破该卡特尔的强权垄断，但根据知情人的说法，中央情报局将他暗杀了。有关马太暗杀案的详细信息，见：威廉·恩道尔（F. William Engdahl）. 石油战争：石油政治决定世界新秩序（ A Century of War：Anglo-American Oil Politics and the New World Order）. London: Pluto Press, 2004. 101-104。1973 年石油危机时，石油七姊妹包括新泽西标准石油（埃克森）、纽约标准石油（美孚）、加州标准石油（雪佛龙）、海湾石油、皇家荷兰壳牌石油、盎格鲁 - 波斯石油（BP）和德士古。到 2000 年，七家公司经过兼并和集中只剩下四家，即埃克森美孚、雪佛龙、英国石油公司和壳牌。

[28]威廉·恩道尔（F. William Engdahl）. 石油战争：石油政治决定世界新秩序（A Century of War: Anglo-American Oil Policy and the New World Order）. London：Pluto Press，2004. 130-138。

[29]金·哈伯特（ M. King Hubbert）. 前揭书 . 77-78。

[30]同上。

[31]同上 . 85-87。

[32]杰克·贝内特（Jack F. Bennett）. 致国务卿亨利·基辛格（To Secretary of State Henry Kissinger）. 主题：沙特阿拉伯政府购买美国政府证券的特别安排（Subject: Special Arrangements for Purchase of U.S. Government Securities by the Saudi Arabian Government）.1975-02，Reproduced in full in International Currency Review，Vol. 20，No. 6: 1991-01。

[33] 特莎·布莱克斯通、威廉·普劳登（Tessa Blackstone, William Plowden）. 智囊团内幕：1971-1983 年担任内阁顾问（Inside the Think Tank：Advising the Cabinet 1971-1983）. London：William Heinemann, 1988. 75-78。

[34] 佚名（Anon.）. 国家科学院：机构概况（II）（The National Academy of Sciences：Profile of an Institution（II））. Editorial, Science, Vol.156: 360-364。

第四章　阴魂不散：马尔萨斯借石油还魂

[1] 引自：罗马俱乐部（Club of Rome Report）. 处于转折点的人类（Mankind at the Turning Point）. 1974，http：//www.green-agenda.com/turningpoint.html。

[2] 罗马俱乐部（Club of Rome）. 官方历史：前 30 年的历史（Official History: The First Thirty Years History）. http://www.bibliotecapleyades.net/sociopolitica/esp_sociopol_clubrome2. htm#Beginnings。

[3] 唐奈拉·梅多斯、丹尼斯·梅多斯、约尔延·兰德斯，威廉·贝伦斯三世（Donella H. Meadows, Dennis L. Meadows, Jorgen Randers, William W. Behrens III）. 增长的极限（The Limits to Growth）. New York：Universe Books，1972。

[4] 托马斯·马尔萨斯（Thomas R. Malthus）. 人口原理（An Essay on the Principle of Population）. Chapter VI, Oxford World Classics, reprint edition. 61。

[5] 同 [1]。

[6] 同上。

[7] 罗马俱乐部（Club of Rome Report）. 处于转折点的人类（Mankind at the Turning Point）. 1974，引自：布伦特·杰索普（Brent Jessop）. 处于转折点的人类（第 2 部分）：创建一个世界的意识（Mankind at the Turning Point - Part 2 - Creating A One World Consciousness）. http://www.wiseupjournal.com/？p=154。

[8] 杰伊·福雷斯特（Jay W. Forrester）. 世界动态（World Dynamics）. Productivity Press，1971 。

[9] 亚历山大·金、伯特兰·施奈德（Alexander King, Bertrand Schneider）. 第一次全球革命：罗马俱乐部理事会的报告（The First Global Revolution: A Report by the Council of Rome）. New York: Pantheon Books, 1991.104-105。

[10] 洛克菲勒基金会（The Rockefeller Foundation）. 贝拉焦中心（The Bellagio Center）. http：//www. rockefellerfoundation.org/bellagio-center。

[11] "1001：自然信托"成员传记：詹尼·阿涅利（Biographies of 1001 Nature Trust members：Gianni Agnelli）. http://www.bibliotecapleyades.net/sociopolitica/sociopol_1001club02.htm。

[12] 罗马俱乐部初始会员名单（Initial Membership List of the Club of Rome）. http：//www.

biblebelievers.org.au/clubrome.html。

[13]有关约翰·洛克菲勒三世的人口控制计划以及洛克菲勒基金会和家族自20世纪20年代以来在促进世界优生学方面的作用，见：威廉·恩道尔（F.William Engdahl）. 粮食危机：运用粮食武器获取世界霸权（Seeds of Destruction: The Hidden Agenda of Genetic Manipulation）. Montreal：Global Research, 2007. 56-78。

[14]有关“1001: 自然信托基金会”的信息来自一名南非调查记者提供给笔者的一份文件副本。封面日期为1973年5月，并标有“机密”字样。

[15]世界野生动物基金会创始主席彼得·斯科特爵士（Sir Peter Scott），引自：菲利普·琼斯（Philip Jones）. 杀死一棵树（第4部分）：无声战争的无声武器（To Kill A Tree - Part Four: Silent Weapons For Quiet Wars）. 2009-06-10, http://www.rense.com/general86/killa4.html。

[16]菲利普亲王（HRH The Prince Philip）[爱丁堡公爵、世界野生动物基金会主席（Duke of Edinburgh, President of the World Wildlife Fund International）]. 在达沃斯欧洲管理论坛研讨会上的演讲（Speech to the Davos EMF Symposium）. 1986-02-03。笔者得到了一份1986年演讲的正式文本，来源是世界经济论坛的前身欧洲管理论坛。

[17]约翰·洛克菲勒三世（John D. Rockefeller III）. 洛克菲勒人口增长委员会报告（Report of the Rockefeller Commission on Population Growth）. 1972, 引自：菲利普·琼斯（Philip Jones）. 前揭书。

[18]莫里斯·斯特朗（Maurice Strong）. 在联合国里约地球峰会上的开幕词（Opening Speech to UN Rio Earth Summit）. Rio de Janeiro，1992，http://www.infowars.com/maurice-strong-in-1972-isnt-it-our- responsibility-to-collapse-industrial-societies/。

[19]理查德·萨尔巴托（Richard Salbato）. 莫里斯·斯特朗：美国毁灭之父（Maurice Strong: Father of America's Destruction）. 2009-12-29，http://www.unitypublishing.com/Government/ Maurice%20Strong.html。

[20]伊莱恩·迪尤尔（Elaine Dewar）. 绿色外衣：关键环保组织、政府和大企业之间的联系（Cloak of Green: The Links Between Key Environmental Groups，Government and Big Business）. Toronto: James Lorimer & Co.，1995. 259-265。

[21]同上. 269-271。

[22]同上. 277。

[23]艾默里·洛文斯（Amory B. Lovins）. 能源战略：未选择的道路？（Energy Strategy: The Road Not Taken？）. Foreign Affairs, 1976-10. Vol. 55, No.1: 65-96。

[24]亚历山大·金、伯特兰·施奈德（Alexander King, Bertrand Schneider）. 第一次全球革命：罗马俱乐部理事会的报告（The First Global Revolution: A Report by the Council of the Club of Rome）. New York: Pantheon Books，1991. 75。

全球变暖议程显然是在玛格丽特·米德组织的一次小型会议上诞生的。玛格丽特·米德是人类学家和人口减少倡导者，时任美国科学促进会（AAAS）主席，也是第一届地球日会议的发言人。米德是当时最有影响力的建制派成员之一。她主持了一次关于濒危大气的华盛顿会议，这个主题以前不是严肃科学讨论的焦点。见：玛格丽特·米德博士、威廉·凯洛格博士合编（Margaret Mead，Ph.D.，William W. Kellogg，Ph.D. eds.）. 濒危的和危险的大气（The Atmosphere: Endangered and Endangering）. Fogarty International Center Proceedings, Washington，D.C. No. 39，U.S. Government Printing Office, DHEW Publication No.［NIH］77-1065,1976。

出席会议的科学家之一是约翰·霍尔德伦博士，他是马尔萨斯人口减少倡导者，也是保罗·埃利希的合著者。霍尔德伦后来成为巴拉克·奥巴马总统的科技顾问，在那里他支持一项激进的全球变暖上限与交易计划。早在米德会议之前，霍尔德伦就一直是一位强有力的人口减少倡导者。在 1969 年的一篇文章中，霍尔德伦和保罗·埃利希认为："如果不立即有效地启动人口控制措施，人类所能带来的所有技术都无法抵御即将到来的痛苦"［保罗·埃利希、约翰·霍尔德伦（Paul R. Erlich, John Holdren）. 人口与灵丹妙药：技术视角（Population and Panaceas: A Technological Perspective）. Bioscience, 1969, Vol. 19: 1065-1071］。他支持针对人为碳排放而采取的强有力措施，并在 1974 年的会议上警告全球变暖的危险，尽管他承认这缺乏科学证据。简言之，全球变暖是由一群精英科学家在 20 世纪 70 年代初在建制派支持下炮制的。正如参加 1974 年米德—凯洛格会议气候学家之一的斯蒂芬·施奈德所说："为了激发公众的想象力，我们必须提供一些可怕的情景，做出简化的戏剧性陈述，很少提及任何可能存在的怀疑。我们每个人都必须在有效和诚实之间找到正确的平衡。"［斯蒂芬·施奈德（Stephen Schneider）. 接受《发现》杂志的采访，1989-10.］。

兰德公司的气候学家威廉·凯洛格在 1974 年的会议上说："这次会议的主要目的是期待在发出这些呼吁之前科学家和政府领导人将就保护大气环境的必要性发出的呼吁。"他声称，一种被称为"全球变暖"的模糊现象将融化"北冰洋浮冰以及格陵兰岛和南极的冰盖……世界各地的平均海平面和沿海城市会发生什么？"

［25］这个说法出现于 20 世纪 70 年代中期，据说出自亨利·基辛格。在互联网上有很多转述，即使今天也没有确切的出处。据笔者所知，有一位中国教授曾经在 2010 年初到美国做访问学者，在美期间有机会见到已年近 90 岁的基辛格并进行了私人交谈。当这位中国访客问起这句话的出处时，据说基辛格博士吃惊地回答："啊，我不太清楚。我记不起来我说过。即使有，也是很久以前的事……"无论基辛格是否的确这样说过，这个说法还是很好地表达了基辛格—洛克菲勒精英圈在战后的实际议程。

第五章　欲盖弥彰：洛克菲勒绑架石油

[1]斯塔西·戴维斯等（Stacy E. Davis, et al.）. 交通能源数据手册（第29版）(Transportation Energy Data Book, edition 29）. Center for Transportation Analysis Energy and Transportation Science Division, 2010-07，Roltek Inc.，ORNL-6985（Edition 29 of ORNL-5198）, Figures 1-3：1-7。

[2]同上。

[3]美国统计摘要：1982-1983年第972号(Statistical Abstract of the United States：1982-1983, No. 972）. 1960年至1981年按燃料类型分列的能源供应和处置情况(Energy Supply and Disposition by Type of Fuel，1960 to 1981）. Washington D.C.，US Department of Commerce，1982。

[4]威廉·恩道尔（F. William Engdahl）. 石油战争：石油政治决定世界新秩序（ A Century of War：Anglo-American Oil Politics and the New World Order）. London: Pluto Press, 2004.142。

[5]同上。

[6]戴维·里维拉（David Rivera）. 最后警告：世界新秩序史，第9.1章：三边委员会（Final Warning：A History of the New World Order, Chapter 9.1, The Trilateral Commission）. 1994, http://www.modernhistoryproject. org/mhp/ArticleDisplay.php？ Article=FinalWarn09-1。

[7]劳伦斯·舒普（Laurence H. Shoup）. 吉米·卡特和三边主义者：总统根源（Jimmy Carter and the Trilateralists: Presidential Roots）. 摘自霍利·斯克拉编（Holly Sklar, ed.）三边主义（Trilateralism）. South End Press, 1980；http://www.thirdworldtraveler.com/Trilateralism/JimmyCarter_Trilat. html。

[8]沃尔特·博伊恩（Walter J. Boyne）. 五分钱行动（Nickel Grass）. Air Force Magazine, 1998-12，http://www.airforce-magazine.com/MagazineArchive/Pages/1998/ December%20 1998/1298nickel.aspx。

[9]吉米·卡特（Jimmy Carter）. 总统提出的能源政策（The President's Proposed Energy Policy）. 1977-04-18. Washington，D.C.，http://www.pbs.org/wgbh/amex/carter/filmmore/ps_ energy.html。

[10]同上。

[11]同上。

[12]詹姆斯·科克伦（James L. Cochrane）. 卡特能源政策与第95届国会（ Carter Energy Policy and the Ninety-fifth Congress）. 引自：克劳弗德·古德温等（Craufurd D.Goodwin，et al.）. 能源政策透视（Energy Policy in Perspective）. Washington D.C., The Brookings Institution, 1981：552-564. 另见传记性注释：詹姆斯·施莱辛格博士（Biographical Note: Dr. James R. Schlesinger）. MITRE Corporation，http: //www.mitre.org/about/bot/ schlesinger. html。

[13]美国中央情报局（US Central Intelligence Agency）. 国际能源形势：1985 年展望（The International Energy Situation: Outlook to 1985）. Washington D.C., Government Printing Office，1977。

[14]马克・赫尔伯特（Mark Hulbert）. 前揭书 . 95-96。

[15]约翰・派克（John Pike）.“萨瓦克”安全部（Ministry of Security SAVAK）. Federation of American Scientists, 2000-01-16, http://www.fas.org/irp/world/iran/savak/index.html。

[16]同上。

[17]马克・赫尔伯特（Mark Hulbert）. 前揭书 . 111-112。

[18]同上 .125。

[19]同上 .125-129。

[20]同上 .15-19。

[21]特伦斯・史密斯（Terence Smith）. 为什么卡特承认国王？（Why Carter Admitted the Shah?）. The New York Times Magazine，1981-05-17。

[22]威廉・多尔蒂（William J. Daugherty）. 吉米・卡特和 1979 年接纳伊朗国王进入美国的决定（Jimmy Carter and the 1979 Decision to Admit the Shah into the United States）. 2003-04, http://www.unc.edu/depts/ diplomat/archives_roll/2003_01-03/dauherty_shah/dauherty_shah.html。

[23]同上。

[24]同上。

[25]马克・赫尔伯特（Mark Hulbert）. 前揭书 .155-172。

第六章 借刀杀人：两伊战争启示录

[1]爱德华・莫蒂默（Edward Mortimer）. 巴格达的小偷（The Thief of Baghdad）. The New York Review of Books, 1990-09-27, http://www.nybooks.com/articles/archives/1990/ sep/27/the-thief-of-baghdad/？page=1。

[2]佚名（Anon.）. 伊拉克危机：伊拉克近代史年表（The Iraq Crisis：Timeline Chronology of Modern Iraqi History）. http://www.mideastweb.org/iraqtimeline.html。

[3]约翰・派克（John Pike）. 两伊战争，1980-1988 年（Iran-Iraq War，1980-1988）. http：//www.globalsecurity. org/military/world/war/iran-iraq.html。

[4]同［ 2 ］。

[5]彼得・施韦策（Peter Schweitzer）. 胜利：里根政府加速苏联解体的秘密战略（Victory：The Reagan Administration’s Secret Strategy that Hastened the Collapse of the Soviet Union）. Atlantic Monthly Press，1996. 31。

[6]本杰明·齐彻（Benjamin Zycher）. 石油输出国组织（OPEC）. The Concise Encyclopedia of Economics, http: //www.econlib.org/library/Enc/OPEC.html。

[7]安东尼·科德斯曼（Anthony H. Cordesman）. 伊拉克与制裁战争（Iraq and the War of Sanctions）. New York: Praeger Publishers,1999. 38。

[8]特里塔·帕尔西（Trita Parsi）. 叛国联盟：以色列、伊朗和美国的秘密交易（Treacherous Alliance: The Secret Dealings of Israel, Iran and the United States）. New Haven: Yale University Press, 2007. 98-99。

[9]同上。

[10]微软百科全书（MSN Encarta）. 两伊战争（Iran-Iraq War）. Encarta.msn.com,1988-08-20, http://encarta.msn.com/encyclopedia_761580640_2/Iran-Iraq_War.html.Retrieved 2009-03-01。

[11]小亚历山大·黑格给美国伊拉克利益科的国务院电报（ Department of State Cable from Alexander M. Haig, Jr. to the Iraqi Interests Section in the United States）. 会见伊拉克酋长奥马尔（Meeting with Iraqi Chief al-Omar）（From Eagleton fom Draper）. 1981-08-22. Declassified under Freedom of Information Act，http://www.gwu.edu/ ~ nsarchiv/NSAEBB/NSAEBB82/index2.html。

[12]罗德尼·斯蒂奇（Rodney Stich）. 欺骗美国：第 2 卷（Defrauding America: Vol. 2）. Silverpeak Enterprises, 2005. 78。

[13]斯蒂芬·皮佐（Stephen P. Pizzo）. 布什是一个重罪犯吗？（Is Bush a Felon？）. The New York Times, 1992-10-20。

[14]亨利·冈萨雷斯（Henry B. Gonzalez）. 在美国众议院就基辛格事务所、布鲁克海文国家实验室和伊拉克问题发表的讲话（Remarks to US House of Representatives on Kissinger Associates，BNL，and Iraq）. 1992-07-31，US House of Representatives, H7137- H7144，http://www.pinknoiz.com/covert/iraqgate04.html。

[15]理查德·塞尔（Richard Sale）. 萨达姆：早期中情局阴谋的关键人物（Saddam：Key in Early CIA Plot）. UPI, 2003-04-10, http://www.upi.com/Business_News/Security-Industry/2003/04/10/Exclusive- Saddam-key-in-early-CIAplot/UPI-65571050017416/。

[16]霍华德·泰歇（Howard Teicher）. 沙漠风暴的两根支柱（Twin Pillars To Desert Storm）. New York: William Morrow and Company, 1993。

[17]巴里·兰多（Barry M. Lando）. 欺骗之网（Web of Deceit）. Other Press,2007。

[18]罗伯特·帕里（Robert Parry）. 黑格 1981 年中东之行的绝密“谈话要点”（Haig’s Top Secret “Talking Points” on 1981 Trip to Mideast）. Declassified State Department memorandum from Alexander Haig to President Ronald Reagan，2003-02-27, reproduced in http://www.consortiumnews. com/2003/haig-docs.html。

[19]理查德·塞尔（Richard Sale）. 前揭文。

[20]罗德尼·斯蒂奇(Rodney Stich). 前揭书. 73。

[21]特德·科佩尔(Ted Koppel). ABC夜线(ABC Nightline). 1992-06-09, 引自：詹姆斯·麦克弗森(James McPherson). "美国世纪"末的新闻业：1965年至今(Journalism at the End of the American Century, 1965-Present). New York: Praeger Publishers, 2006. 125。

[22]罗伯特·帕里(Robert Parry). "十月惊喜"的X档案(第1部分)：俄罗斯的报告[October Surprise X-Files (Part 1): Russia's Report]. http://www.consortiumnews.com/archive/xfile1.html。

[23]同上。

[24]同上。

[25]同上。

[26]特里塔·帕尔西(Trita Parsi). 前揭书. 52-53, 112-123。

[27]同[22]。

[28]美国司法部长、监察长办公室(US Attorney General, Office of Inspector General). 中央情报局反可卡因毒品争议：司法部调查和起诉回顾(The CIA-Contra-Crack Cocaine Controversy: A Review of the Justice Department's Investigations and Prosecutions).http://www.justice.gov/oig/special/9712/ch01p1.html。美国官方报告指出：1996年8月18日,《圣荷西水星报》(San Jose Mercury News)发表了有关强效可卡因、中情局、尼加拉瓜反政府武装相关系列报道中的第一篇，其前言中写道："《圣荷西水星报》调查发现，近10年来，旧金山湾区的毒品团伙向盘踞于洛杉矶的'瘸帮'与'血帮'(Crips and Bloods)这两大黑帮出售了数吨毒品，并拿出上百万美元来资助中情局控制的一支拉美游击队。这一毒品团伙建立了从哥伦比亚大毒枭到洛杉矶黑帮的完整网络。洛杉矶是世界闻名的毒品消费之都，通过上述网络进入的可卡因让美国的城市毒品泛滥……也为洛杉矶黑帮获得武器提供了资金和渠道。"

[29]理查德·麦科马克(Richard T. McCormack). 致国务卿乔治·舒尔茨的油价信息备忘录(Information Memorandum on Oil Prices to Secretary of State George Shultz). 1984-10-25, Washington DC, document S001, declassified。

[30]乔治·舒尔茨(George Shultz). 电报(Telegram). 1985-03, # 081715, declassified。

[31]戴维·洛克菲勒(David Rockefeller). 回忆录(Memoirs). New York: Random House, 2002. 205-209。

[32]莫顿·阿布拉莫维茨(情报助理部长)(Morton I. Abramowitz, Assistant Secretary for Intelligence). 沙特油价下跌的含义(Implications of the Saudi Oil Price Cut). 1985-09-19, US Department of State, Washington D.C., declassified 6/4/1992。

[33]埃德温·罗斯柴尔德(Edwin S. Rothschild). 里根—布什政府在1986年油价暴跌中的作用(The Reagan-Bush Administration's Role in the 1986 Oil Price Crash). 1991年，笔者得

到该备忘录。关于美国以提供武器获取沙特协助制造油价下跌一事，里根的国防部部长卡斯帕·温伯格后来讲道："我们希望降低油价，这就是给沙特提供武器的原因。"[引自：彼得·施韦策（Peter Schweitzer）. 前揭书 . 31]。但是，伊朗后来失望地发现，一旦从美国购买了先进武器，以后要想获得配件和训练指导就不得不看美国的脸色了。

[34]同上。

[35]黛安娜·约翰斯通（Diana Johnstone）. 傻瓜的十字军东征（Fool's Crusade）. London: Pluto Press, 2002. 9。

[36]彼得·施韦策（Peter Schweitzer）. 前揭书 . 5-6。

[37]埃德温·罗斯柴尔德（Edwin S. Rothschild）. 一张暗中给与的油卡？沙特是如何为布什减税 300 亿美元的（An Oil Card Up his Sleeve？ How the Saudis could Give Bush a $30 Billion Tax Cut）. The Washington Post，1991-011-24。罗斯柴尔德写道："1986 年，里根—布什政府劝说法赫德增加沙特石油产量，以便把油价从每桶 29 美元降到每桶 18 美元，财政部长贝克同时策划让美元贬值，二者共同促进了美国经济的发展。" 在担任里根的副手长达 8 年后，老布什于 1988 年当选美国总统，他也是首位中情局长出身的总统。

[38]彼得·施韦策（Peter Schweitzer）. 前揭书 . 31。

[39]美国能源部能源信息管理局（US Department of Energy, Energy Information Administration）. 1986 年原油价格暴跌（Crude Oil Price Collapse of 1986）. http：//www.eia.doe.gov/pub/oil_gas/petroleum/ analysis_publications/chronology/petroleumchronology2000.html。

[40]罗德尼·斯蒂奇（Rodney Stich）. 前揭书 . 80-82。

第七章　欲壑难填：海湾战争志在必得

[1]道格拉斯·弗兰茨、默里·瓦斯（Douglas Frantz，Murray Waas）. 布什的秘密努力帮助萨达姆建造战争机器（Bush Secret Effort Helped Saddam Build his War Machine）.The Los Angeles Times，1992-02-23。

[2]苏联、伊朗和伊拉克（Soviet Union，Iran and Iraq）. http://www.country-data.com/cgi- bin/query/r-12686.html。

[3]兹比格涅夫·布热津斯基（Zbigniew Brzezinski）. 中央情报局对阿富汗的干预：吉米·卡特总统的国家安全顾问兹比格涅夫·布热津斯基访谈（The CIA's Intervention in Afghanistan：Interview with Zbigniew Brzezinski，President Jimmy Carter's National Security Adviser）. Le Nouvel Observateur, Paris, 1998-01-15~21，posted at global research.ca, 2001-10-15. 苏联解体 8 年后，布热津斯基接受了法国一家媒体的采访，他大言不惭地谈及以下问题。

记者：前中情局长罗伯特·盖茨在回忆录《来自阴影：5 位总统的最大内幕故事以及他们如何赢得冷战》（From the Shadows：The Ultimate Insiders Story of Five Presidents and

How They Won the Cold War）中谈到，在苏联入侵阿富汗半年前，中情局就已开始援助那里的叛乱分子。当时你是卡特总统的国家安全事务助理，想必也经手此事。情况是这样吗？

布热津斯基：是的。按官方说法，中情局援助阿富汗叛乱分子始于 1980 年，也就是 1979 年 12 月 24 日苏联军队入侵阿富汗之后。但是，实际情况截然不同并且保密至今。事实上，早在 1979 年 7 月 3 日，卡特总统就签署第一道命令，秘密援助反对喀布尔亲苏政权的反对者。同一天，我以个人名义给总统写了一封信，指出这一援助将引发苏联的军事干预……我们并未强迫苏联人干预，但我们知道这样做增加了他们入侵阿富汗的可能性。

记者：你今天什么都不后悔吗？

布热津斯基：后悔什么？那次秘密行动棒极了，它让苏联人落入了阿富汗的陷阱，难道我会对此后悔？苏军进入阿富汗的当天，我又给卡特总统写了一封信，大意是我们终于有机会让苏联也亲自尝尝越南战争的滋味。

[4] 吉米·卡特总统（President Jimmy Carter）. 国情咨文（State of the Union Address）. 1980-01-23，as cited by Secretary of State Cyrus Vance, "US Foreign Policy: Our Broader Strategy", 1980-03-27，Department of State，Current Policy No. 153，as reprinted in Case Study: National Security Policy under Carter, Department of National Security Affairs, Air War College, AY 1980-81. 98。

[5] 纽约时报（The New York Times）. 1990-09-03。

[6] 美国—伊拉克商业论坛（U.S.–Iraq Business Forum）. 公报（Bulletin）. New York, 1989-08。

[7] 威廉·恩道尔（F. William Engdahl）. 石油战争：石油政治决定世界新秩序（A Century of War: Anglo-American Oil Politics and the New World Order）. London: Pluto Press, 2004. 24-26。

[8] 同上 . 215-216。

[9] 同上。

[10] 1990 年 7 月 25 日美国大使阿普里尔·格拉斯皮与萨达姆·侯赛因会晤的记录（Transcript of July 25，1990 Meeting Between US Ambassador April Glaspie and Saddam Hussein）. 转引自：卡里姆·奥马尔（Kaleem Omar）. 美国国务院是否仍然在隐藏阿普里尔·格拉斯皮？（Is the US State Department Still Keeping April Glaspie Under Wraps？）. 2005-12-25，The News International, Pakistan, reprinted in Information Clearing House, http：//www.informationclearinghouse.info/article11376. html。奥马尔写道："格拉斯皮在 1990 年 8 月底返回华盛顿，立即被国务院隐藏起来，而且一藏就是 8 个月，媒体连面都见不着。直到海湾战争正式结束前（1991 年 4 月 11 日），她才出现在公众视野中，而且是不得不露面，因为参议院对外关系委员会准备就她与萨达姆·侯赛因的会面进行非正式作证。格拉斯皮这位资深外交官后来被派到纽约联合国总部，职位毫不引人注目，后来又被调到南非开普敦任总领事。2002 年她从国务院退休，从此音讯全无。"

[11] 同上。
[12] 与笔者的私人谈话，1991-06。
[13] 同上。
[14] 纽约时报（The New York Times）. 1990-10-16。
[15] 布莱恩·贝克尔（Brian Becker）. 美国发动伊拉克战争的阴谋（U.S. Conspiracy to Initiate the War Against Iraq）. 1992，The Commission of Inquiry for the International War Crimes Tribunal，http：// deoxy.org/wc/wc-consp.html。
[16] 新闻周刊（Newsweek）. 1990-01-28；有关 1990 年初五角大楼战略改革的更多信息，见：迈克尔·克拉雷（Michael T.Klare）. 维持海湾和世界治安（Policing the Gulf - And the World）. The Nation, 1990-10-15。
[17] 在 1990 年 11 月的一次私人电话交谈中，已故中情局中东问题专家迈尔斯·科普兰（Miles Copeland）曾告诉笔者，虽然小布什声称沙特受到伊拉克入侵这一迫在眉睫的威胁，但这是一派胡言，也是一个杀机四伏的借口。
[18] 乔治·布什（George H.W. Bush）. 在国会联席会议上关于波斯湾危机和联邦预算赤字的讲话（Address Before a Joint Session of the Congress on the Persian Gulf Crisis and the Federal Budget Deficit）. Washington D.C. 1990-09-11。

第八章　巧取豪夺：车臣战争与俄罗斯石油

[1] 道格拉斯·雷诺兹、马雷克·科洛兹伊（Douglas B. Reynolds, Marek Kolodziej）. 苏联石油产量和国内生产总值下降：格兰杰因果关系和多周期哈伯特曲线（Former Soviet Union Oil Production and GDP Decline: Granger Causality and the Multi-Cycle Hubbert Curve）. Energy Economics, 2008（30）: 271-289。
[2] 中央情报局情报处（CIA, Directorate of Intelligence）. 即将到来的苏联石油危机，备忘录（ER 77-10147），1977 年［The Impending Soviet Oil Crisis，Memorandum（ER 77-10147），1977，Declassified 2001-01，见：道格拉斯·雷诺兹（Douglas B. Reynolds）. 前揭文］。
[3] 詹姆斯·佩特拉斯（James Petras）. 北奥塞梯的恐怖主义政治（The Politics of Terrorism in North Ossetia）. Global Research, 2004-09-08, http://www.globalresearch.ca/index. php ? context=va&aid=204。
[4] 帕特里克·泰勒（Patrick E. Tyler）. 美国战略计划呼吁确保没有竞争对手产生：只有一个超级大国的世界（U.S. Strategy Plan Calls for Insuring No Rivals Develop: A One-Superpower World）. The New York Times, 1992-03-08。
[5] 同上。
[6] 同上。
[7] 同上。

[8]同上。

[9]丹·摩根、戴维·奥塔韦（Dan Morgan, David B. Ottaway）. 哈萨克斯坦油田挑起美俄竞争（Kazakh Field Stirs U.S.-Russian Rivalry）. Washington Post, 1998-10-06。

[10]菲利普·马特拉（Philip Mattera）. 雪佛龙：石油巨头（Chevron: The Big Oil Boys）. http：// multinationalmonitor.org/hyper/issues/1992/04/mm0492_11.html。

[11]佚名（Anon.）雪佛龙在哈萨克斯坦（Chevron in Kazakhstan）.KazEnergy, 2008，http：// www.kazenergy. com/content/view/7218/663/lang, kz/。

[12]丹·摩根等（Dan Morgan et al.）. 前揭文。

[13]克雷格·梅洛（Craig Mellow）. 大石油公司的白日梦：雪佛龙认为它可以把哈萨克斯坦的一个当风的角落（即 20 年来最大的石油钻探点）变成下一个休斯敦。五年后，美国这家石油巨头……（Big Oil's Pipe Dream: Chevron Thought It Could Turn a Windswept Corner of Kazakhstan, Site of the Largest Oil Strike in 20 Years，into the Next Houston. Five Years Later, the American Oil Giant...）. Fortune, 1998-03-02,http://money.cnn.com/magazines/fortune/fortune_archive/1998/03/02/238527/ index.html。

[14]安联保险（Allianz）. 里海油田：石油巨头的新边疆（Caspian Field: Big Oil's New Frontier）. 2009-08-27, http://knowledge.allianz.com/en/news/viewdetail/kashagan_oil.html。

[15]美国阿塞拜疆商会网站（The US Azerbaijan Chamber of Commerce website）. 关于我们（About Us）. http://usacc.org/content.php？ type=page&id=97&chi=4&par=3。

[16]斯万特·康奈尔（Svante E. Cornell）. 把车臣战争伪装成神圣战争：战斗性传染的风险（Cloaking the Chechyn War as Jihad: The Risk of Militant Contagion）. Central Asia-Caucasus Analyst, 2000-06021, http://www.cacianalyst.org/？ q=node/303。

[17]凯文·沙利文（Kevin Sullivan）. 据报道，沙特因英国军火交易获得 20 亿美元（Saudi Reportedly Got $2 Billion for British Arms Deal）. Washington Post，2007-06-08。

[18]詹姆斯·佩特拉斯（James Petras）. 前揭文。

[19]埃米尔·苏莱马诺夫（Emil Souleimanov）. 车臣、瓦哈比主义和入侵达吉斯坦（Chechnya，Wahhabism and the Invasion of Dagestan）. MERIA: The Middle East Review of International Affairs，Vol. 9, No. 4, 2005-12。

[20]美国阿塞拜疆商会网站（The US Azerbaijan Chamber of Commerce）. 前揭文。

[21]詹姆斯·佩特拉斯（James Petras）. 前揭文。

[22]埃米尔·苏莱马诺夫（Emil Souleimanov）. 前揭文。

[23]政策研究所（Institute for Policy Studies）. 美国车臣和平委员会（American Committee for Peace in Chechnya）. Right Web, 2005-04-19, http://rightweb.irc-online.org/profile/American_Committee_for_Peace_in_Chechnya。

[24]詹姆斯·佩特拉斯（James Petras）. 前揭文。

[25]保罗·戈布尔（Paul Goble）. 基地组织未能使车臣运动摆脱民族主义（Al Qaeda has

Failed to Redirect Chechen Movement Away from Nationalism）. http://www.kyivpost.com/news/opinion/op_ed/ detail/84950/#ixzz12jUCetHj。

第九章　横空出世：俄罗斯石油新理论

[1] DOSECC [地球大陆地壳的深度观测和取样（Deep Observation and Sampling of the Earth's Continental Crust）]. http: //www.dosecc.org/。

[2] 克拉尤什金、契巴年科、克洛奇科、德沃亚宁、肯尼（V. A. Krayushkin，T. I. Tchebanenko，V. P. Klochko，Ye. S. Dvoryanin，J. F. Kenney）. . 现代非生物成因理论的最新应用：第聂伯—顿涅茨盆地油气田的钻探与开发（Recent Applications of the Modern Theory of Abiogenic Hydrocarbon Origins: Drilling and Development of Oil & Gas Fields in the Dneiper-Donets Basin）. 7th International Symposium on the Observation of the Continental Crust Through Drilling，Santa Fe，NM，1994, DOSECC：21-24。

[3] 同 [2]。

[4] 弗拉基米尔·库切罗夫（Vladimir Kutcherov）是俄罗斯国立石油天然气大学和瑞典皇家理工学院教授，在德国威斯巴登与笔者进行了私下讨论，2011-07-05。

[5] 同 [2]。

[6] 同上。

[7] 笔者与弗拉基米尔·库切罗夫（Vladimir Kutcherov）教授在私下讨论中提供了关于石油和天然气非生物成因和生成的描述，见注 [4]。

[8] 同上。

[9] 克拉尤什金等（V.A. Krayushkin）. 前揭文。

[10] 克拉尤什金等（V.A. Krayushkin）. 致约翰·布里格斯博士的公开信（Open Letter to John Briggs PhD.）. 1990-01-16, http：//www.gasresources.net。

[11] 同上。

[12] 鞑靼斯坦共和国官方网站（Republic of Tatarstan official website）. 自然资源（Natural Resources）. http://www.tatar.ru/index.php？ DNSID=c0ab50580ba8d76a95c91a570958a02a&node_id=1362。

[13] 杰罗姆·科西（Jerome R. Corsi）. 越南海岸基岩花岗岩中的石油（Oil in Bedrock Granite off Vietnam's Shores）. WorldNetDaily, 2005-12-01, http://www.wnd.com/news/article.asp？ARTICLE_ ID=47673。

[14] 朱莉·克雷斯韦尔（Julie Creswell）. 无尽的石油？修正论者说石油不是化石燃料。这可能意味着还有更多的石油（Oil Without End？Revisionists Say Oil isn't a Fossil Fuel. That could Mean There's Lots More of It）. Fortune, 2003-02-17, http:// money.cnn.com/maga-

zines/fortune/fortune_archive/2003/02/17/337289/index.html。

[15] 同上。

[16] 尼古拉・库德里亚夫采夫（Nikolai A. Kudryavstev）. 反对石油起源的有机假说（Against the Organic Hypothesis of Petroleum Origins）. Petroleum Economy, No. 9，Moscow，1951.（in Russian）, noted by V. A. Krayushkin, 前揭文。

[17] 克拉尤什金等（V.A. Krayushkin，et al.）. 前揭文。

[18] 鲍里斯・缅舒特金（Boris N. Menshutkin）. 俄罗斯的罗蒙诺索夫：化学家朝臣和物理学家诗人（Russia's Lomonosov: Chemist Courtier，Physicist Poet）. Princeton: Princeton University Press，1952. 本书讨论了罗蒙诺索夫的石油起源理论及其翻译引文，刊登在《能源世界》的"石油的未来"特刊，英国石油学会，伦敦，1996-06: 16-18。

[19] 弗莱彻・普劳蒂（L. Fletcher Prouty）. 贿赂石油大王（Greasing the Palms of the Oil Barons）. 引自：弗莱彻・普劳蒂评论——六月（The Fletcher Prouty Commentary—June）, 笔者私下从已故普劳蒂上校的文件中获得。

[20] 值得注意的是，最著名的西方科学家、已故的康奈尔大学天体物理学家托马斯・戈尔德，支持一种似乎与俄罗斯人相似的理论，同时一带而过地提到了俄罗斯"石油非生物生成"理论科学家之一——彼得・克鲁泡特金。他声称，他的碳氢化合物理论的深奥起源是独一无二的。然而，根据访问者库德里亚夫采夫教授的说法，戈尔德书房里面堆满了俄罗斯和乌克兰关于非生物石油的俄语研究论文。据报道，戈尔德抄袭了俄罗斯一些基本理论，同时在关键方面修改了这些理论的实质内容，但没有写明出处，用以声称那是他独创的理论。不幸的是，戈尔德显然对碳氢化合物地球化学知之甚少，并声称地球地幔深处存在大量天然气（甲烷），而正如俄罗斯科学家的研究所证明的那样，在地幔压力下，甲烷是不稳定的 *。正如俄罗斯一篇研究论文所证明的："甲烷在地幔压力下会分解，产生辛烷、柴油、重质润滑油、烷基苯和原油中的化合物。"这与戈尔德的说法正相反 [见肯尼、库切罗夫、本德里阿尼、阿列克谢耶夫（J. F. Kenney，V. G. Kutcherov，N.A. Bendeliani，V. A. Alekseev）. 高压下多组分体系的演化（六）：碳氢化合物的成因与石油的起源（The Evolution of Multicomponent Systems at High Pressures（VI）: The Genesis of Hydrocarbons and the Origins of Petroleum）. 美国国家科学院会议论文集（Proc. Natl. Acad. Sci. U.S.A.）. 2002. 99. 10976-10981]。戈尔德的论点今天却经常被"石油非化石起源论"的反对者引用，用以"证明"俄罗斯科学家的理论不成立。但是，这显然并非事实，不足为训。

[21] 契卡留科（E.B. Chekaliuk）. 地球上地幔中的石油（Petroleum in the Upper Mantle of the Earth）. Kiev: Scientific Thought Press，1967. 256（in Russian）, 引自：克拉尤什金（V. A. Krayushkin）的英文版前揭书。

---

* 因此，甲烷不可能大量存在。——笔者注

[22]索赞斯基等（V.I.Sozansky, et al.）. 关于油气田的自发更新（On the Spontaneous Renewal of Oil and Gas Fields）. http：//www.gasresources.net/。

[23]同上。

[24]同上。

[25]彼得·奥德尔（Peter Odell）. 21世纪全球能源展望（The Global Energy Outlook for the 21st Century）. 演讲，2003-05-21。彼得·奥德尔为鹿特丹伊拉斯姆斯大学名誉教授、国际能源研究中心主任。

[26]同上。

第十章　反攻倒算：石油峰值谎言死灰复燃

[1]科林·坎贝尔、让·拉埃勒尔（Colin J. Campbell, Jean H. Laherrere）. 廉价石油的终结（The End of Cheap Oil）. Scientific American，1998-03，Vol. 278，No. 1: 60-65。

[2]同上 : 60。

[3]同上 : 63。

[4]关于金·哈伯特缺乏科学严谨性的详细信息，见：威廉·恩道尔（William Engdahl）. 本书第3章。

[5]同 [1] : 63。

[6]科林·坎贝尔（ Colin J. Campbell）. 石油评估的演变（Evolution of Oil Assessments）. http: //www.hubbertpeak.com/Campbell/assessments.html。

[7]同上。

[8]科林·坎贝尔（ Colin J. Campbell）. 在克劳斯塔尔工业大学的演讲（Presentation at the Technical University of Clausthal）. 2000-12, http://www.oilcrisis.com/de/lecture.html。

[9]迪克·切尼（Dick Cheney）. 在伦敦石油学会秋季午餐会上的演讲（Speech at the Institute of Petroleum Autumn Lunch）. 1999-09, first published by London Institute of Petroleum, 2004-08-06, original article, htt://web.archive.org/web/20000414054656/htt://www.petroleum.co.uk/ speeches.html。

[10]同上。

[11]同上。

[12]同上。

[13]佚名（Anon.）.“美国新世纪计划”签署人和撰稿人的完整名单（A Complete List of PNAC Signatories and Contributing Writers）. Right Web, http://www.publiceye.org/pnac_chart/pnac.html。美国新世纪计划（PNAC）. 致比尔·克林顿总统的公开信（Open Letter to President Bill Clinton）. 1998-01-26, http://www. newamericancentury.org/iraqclintonletter.

html。

[14]卡丽·萨特利（Carrie Satterlee）. 谁从萨达姆·侯赛因掌权中受益的事实（Facts on Who Benefits From Keeping Saddam Hussein in Power）. The Heritage Foundation, Washington D.C., 2003-02-28, WebMemo #217， http://www.heritage.org/research/reports/2003/02/facts-on-who-benefits-from-keeping-saddam-hussein-in-power。

[15]乔治·W·布什的第一任财政部长保罗·奥尼尔后来因不够团队合作而被解雇。据他说，对萨达姆·侯赛因发动战争或军事行动的论点，几乎是在布什政府执政伊始（即2001年9月11日前大约九个月）来自切尼和拉姆斯菲尔德。这给了他们一个合理的借口［见罗恩·萨斯坎德（Ron Suskind）. 忠诚的代价：乔治·W·布什、白宫和对保罗·奥尼尔的教育（The Price of Loyalty：George W. Bush，the White House，and the Education of Paul O' Neill）. New York：Simon & Schuster, 2004. 75 ffff. ］。

[16]美国新世纪计划（PNAC）. 致比尔·克林顿总统的公开信（Open Letter to President Bill Clinton）. 1998-01-26, http://www. newamericancentury.org/iraqclintonletter.html。

[17]塞缪尔·亨廷顿 .（Samuel P. Huntington）. 文明的冲突？（The Clash of Civilizations？）. Foreign Affairs，New York Council on Foreign Relations，Summer 1993: 22-49。亨廷顿的这篇著名论文，论述了美国试图重新找到一个外敌，代替解体的苏联，用以驱动美国在世界上发挥作用。他写道："文明之间的断层正在替代冷战时期的政治和意识形态的界限，成为危机和流血的导火线。"亨廷顿从更早一些的一篇文章《穆斯林愤怒的根源》中选用了"文明的冲突"这个用法。《穆斯林愤怒的根源》的作者伯纳德·刘易斯（Bernard Lewis）爵士是英国地缘政治战略专家。他认为最基本的冲突是西方基督教和伊斯兰教之间的冲突。

[18]美国新世纪计划（PNAC）. 重建美国防务：新世纪的战略、力量和资源（Rebuilding America's Defenses: Strategy，Forces，Resources for a New Century）. 2000-09. 26. http://www.newamericancentury.org/publicationsreports.html。

[19]同上 .29。

[20]与"美国新世纪计划"（PNAC）有关的布什政府高级成员名单确实引人注目。除了切尼、拉姆斯菲尔德和沃尔福威茨，它还包括国家安全委员会的艾略特·艾布拉姆斯、五角大楼国防政策委员会的肯尼思·阿德尔曼和理查德·艾伦、布什驻联合国大使约翰·博尔顿（曾担任副国务卿）、负责情报的国防部副部长斯蒂芬·坎博恩、负责全球事务的副国务卿葆拉·多布里扬斯基、副总统切尼的副国家安全顾问艾伦·弗里德伯格、国防政策委员会的弗雷德·伊克尔、布什总统的伊拉克特使以及后来的驻阿富汗大使扎尔梅·哈利勒扎德、美国国家调查委员会（"9·11"事件委员会）的约翰·雷曼、切尼丑闻缠身的幕僚长刘易斯·利比、五角大楼国防政策委员会主席理查德·珀尔、国际安全事务助理国防部部长彼得·罗德曼、五角大楼特别计划办公室主任艾布拉姆·舒尔斯基、国防部审计长多夫·扎赫姆和美国贸易代表办公室的罗伯特·佐利克。

[21]理查德·福尔克（Richard Falk）. 伊拉克战争和国际法的未来（The Iraq War and the Future of International Law）. A presentation to The American Society of International Law's 98th Annual Meeting，*Mapping New Boundaries: Shifting Norms in International Law*. 2004-03-31~04-03. 福尔克（普林斯顿大学国际法名誉教授）写道："2003 年 3 月，根据当时存在的事实和指控对伊拉克发动战争，全世界都认为这与国际法和《联合国宪章》背道而驰，因为人们普遍认为，作为法律先例，这两者几乎没有分量。它最好被理解为违反《联合国宪章》第 2 条第 4 项所体现的核心义务的突出例子，因此符合纽伦堡意义上的潜在危害和平罪……鉴于在伊拉克未能找到任何种类的大规模杀伤性武器并考虑到对占领的强烈抵抗，无法令人信服地认为，截至 2003 年，伊拉克存在防御必要性或人道主义紧急情况。如果发生这样的紧急情况，无论巴格达政权的记录多么独裁，那不是它的责任，而是联合国制裁和对伊拉克多次使用武力的结果。"

[22]迈克尔·阿布拉莫维茨、斯蒂芬·穆夫森（Michael Abramowitz，Stephen Mufson）. Washington Post, 2007-07-18。文章详细介绍了工业在切尼能源报告中的作用。

[23]保罗·斯佩里（Paul Sperry）. 白宫能源工作组文件揭示伊拉克石油地图：司法观察诉讼还揭示了合同的"外国诉讼人"名单（White House Energy Task Force Papers Reveal Iraqi Oil Maps: Judicial Watch Lawsuit Also Uncovers List of 'Foreign Suitors' for Contracts）. WorldNetDaily.com，2003-07-18. http：//www.wnd. com/？pageId=19844。

[24]迪克·切尼等（Dick Cheney, et al.）. 美国未来可靠的、负担得起的且环保的能源：国家能源政策发展小组报告（Reliable，Affordable，and Environmentally Sound Energy for America's Future: Report of the National Energy Policy Development Group）. US Government Printing Office, 2001-05-16. 130. http://wtrg.com/ EnergyReport/National-Energy-Policy.pdf。

[25]同上。

[26]沃尔特·孔特雷拉斯·希斯比（Walt Contreras Sheasby）. 石油末日即将带来的恐慌：来你身边的投票箱投票（The Coming Panic over the End of Oil - Coming to a Ballot Box Near You）. 2003-12-04, http;//www.davesweb. cnchost.com/nwsltr55.html。

[27]乔治·华盛顿大学（George Washington University）. 为就职典礼做准备：财务（Preparing for the Inauguration: Finances）. Presidential Inaugural Committee，http://www.gwu.edu/ ~ action/2004/ inaug2004/inaugfin.html。

[28]罗斯·拉各斯代尔（Rose Ragsdale）. 沙特石油冲击：西蒙斯在中东无限石油形象上戳洞（Saudi Oil Shock：Simmons Pokes Holes in Image of Unlimited Middle East Oil）. Petroleum News, 2005-09-11。

[29]美国大西洋理事会（The Atlantic Council of the United States）. 董事会（Board of Directors）. http：//www.acus.org/people/board。

[30]罗伯特·拉皮尔（Robert Rapier）. 揭穿马修·西蒙斯（Debunking Matt Simmons）. 2008-

01-14, http;//www.consumerenergyreport.com/2008/01/14/debunking-matt-simmons/. 西蒙斯因提出荒谬的主张而臭名昭著，如强重力原油“不值多少钱”，沙特石油部可能会对此提出异议。2010 年去世前不久，他公开呼吁引爆核装置以遏制英国石油公司墨西哥湾的漏油事件。幸运的是，这一建议被忽视了。

[31]马修·西蒙斯（Matt Simmons）. 重温增长的极限：毕竟罗马俱乐部是正确的吗（第 1 部分）[Revisiting The Limits to Growth: Could The Club of Rome Have Been Correct，After All？（Pt. 1）]. 2000-09-30, published by GreatChange.org. http: //greatchange.org/ov-simmons, club_of_rome_ revisted.html。

[32]马修·西蒙斯（Matt Simmons）. “来自荒野”网站的迈克·鲁珀特对马修·西蒙斯的采访（Interview with Matt Simmons by Mike Ruppert of Fromthewildnerness.com.,2003-08-18, http://www.oilcrash.com/ articles/blackout.html。

[33]同上。

[34]同上。

[35]马修·西蒙斯（Matthew R. Simmons）. 沙漠黄昏：即将来到的沙特石油冲击与世界经济（Twilight in the Desert: The Coming Saudi Oil Shock and the World Economy）. Hoboken: John Wiley & Sons, 2005。

[36]沃尔特·孔特雷拉斯·希斯比（Walt Contreras Sheasby）. 前揭文。

[37]同 [8]。

[38]同上。

[39]刘易斯·拉帕姆（Lewis Lapham），引自：格雷格·帕拉斯特（Greg Palast）. 没有峰值：骗子哈伯特（No Peaking：The Hubbert Humbug）. 2006-05-23, http://www.gregpalast.com/madhouse/index.php/32。

[40]同上。

[41]马修·西蒙斯（Matt Simmons）. 前揭书 . 92。

[42]蒂姆·肯尼迪（Tim Kennedy）. 沙特官员表示，沙特石油安全且充足（Saudi Oil Is Secure and Plentiful, Say Officials）. Arab News, 2004-04-29, http://archive.arabnews.com/ ?page=6&section=0&article=44011&d=29&m=4&y=2004。

第十一章　逐鹿中原：欧亚大陆的大棋局

[1]迪克·切尼（Dick Cheney），引自：肯尼·布鲁诺、吉姆·瓦莱特（Kenny Bruno，Jim Valette）. 切尼与哈利伯顿：到有石油的地方去（Cheney & Halliburton：Go Where the Oil Is）. Multinational Monitor magazine，2001-05，http://www.thirdworldtraveler.com/Oil_watch/Cheney_Halliburton.html。

[2]关于苏联解体后五角大楼军事议程的详细描述，见：威廉·恩道尔（F. William Engdahl）. 霸权背后：美国全方位主导战略（Full Spectrum Dominance：Totalitarian Dominance in the New World Order）. Wiesbaden: edition.engdahl，2009。

[3]小爱德华·沃尔特（Edward S. Walter, Jr.）. 致科林·鲍威尔部长的关于伊拉克政权更迭政策起源的信息备忘录（Information Memorandum to Secretary Colin Powell on Origins of the Iraqi Regime Change Policy）. 2001-01-23，重印：国家安全档案馆（National Security Archives）. 伊拉克战争（第1部分）：美国为冲突做准备，2001年（The Iraq War—Part I：The US Prepares for Conflict，2001）. http：//www.gwu.edu/ ~ nsarchiv/NSAEBB/NSAEBB326/index.html。

[4]迪克·切尼（Dick Cheney）. 副总统迪克·切尼和切尼夫人在俄亥俄州威尔明顿的讲话（Vice President and Mrs. Cheney's Remarks in Wilmington，Ohio）. 2004-10-26, http://georgewbush-whitehouse.archives.gov/ news/releases/2004/10/20041026-7.html。

[5]蒂姆·拉瑟特（Tim Russert）. 美国全国广播公司"会见记者"栏目对副总统迪克·切尼的采访（Interview with Vice-President Dick Cheney，NBC "Meet the Press"）. Transcript for 2003-03-16, http://www.mtholyoke.edu/acad/ intrel/bush/cheneymeetthepress.html。

[6]詹姆斯·保罗（James A. Paul）. 在伊拉克的石油公司（Oil Companies in Iraq）. Global Policy Forum, 2003-11, http://www.globalpolicy.org/component/content/article/185/40586.html。

[7]莫林·多德（Maureen Dowd），引自：迪利普·伊罗（Dilip Hiro）. 格林斯潘的石油主张（Greenspan's Oil Claim in Context）. TomDispatch, 2007-09-25, http://www.globalpolicy.org/component/content/article/185/40693.html。

[8]佚名（Anon.）. 在伊拉克的石油（Oil in Iraq）. Global Policy Forum, http://www.globalpolicy.org/ iraq/political-issues-in-iraq/oil-in-iraq.html。

[9]同上。

[10]丹·德·卢斯（Dan de Luce）. 文件暗示，布什官员打算尽早入侵伊拉克（Bush Officials Intent Early on Iraq Invasion，Papers Suggest）. AFP, 2010-09-23。

[11]2003年9月6日，被解职不久的英国环境大臣迈克尔·米彻（Michael Meacher）接受《卫报》的采访。他指出，布莱尔之所以毫不动摇地紧跟小布什参加伊拉克战争，就是因为英国石油公司想控制伊拉克南部的大油田并给他施加了巨大的压力。见：迈克尔·米彻（Michael Meacher）. 石油：大有难言之隐（Oil：The Great Unmentionable）. 2010-07-15, http://www.michaelmeacher.info/weblog/2010/07/oil-the-great-unmentionable/#more-1159。

[12]美国将军杰伊·加纳（Jay Garner）曾任伊拉克临时管理委员会首位负责人。他公开承认，在伊境内建立永久军事基地，是美国发动伊拉克战争的主要目的之一［见：吉姆·洛贝（Jim Lobe）. 沙拉比和加纳为战争提供新线索（Chalabi，Garner Provide New Clues to War）. 2004-02-21, Inter Press Service, http://www.globalpolicy.org/component/content/arti-

cle/168/36459.html]。

[13] 乔治 · 赖特（George Wright）. 沃尔福威茨：伊拉克战争是为了石油（Wolfowitz：Iraq War was About Oil）. The Guardian，London，2003-06-04. 从美联储卸任几年后，格林斯潘在他的回忆录《动荡时代》（The Age of Turbulence）中承认："美国发动伊拉克战争就是为了石油。虽然尽人皆知，但我很遗憾的是，作为官员却不能这样说。"[见：迪利普 · 伊罗（Dilip Hiro）. 前揭文]。

[14] 吉纳 · 肖恩（Gina Chon）. 伊拉克石油部长论防务（Iraq's Oil Minister on Defense）. The Wall Street Journal, 2009-06-04, http://online.wsj.com/article/SB124403446631581149.html。

[15] 詹姆斯 · 保罗（James A. Paul）. 前揭文。

[16] 兹比格涅夫 · 布热津斯基（Zbigniew Brzezinski）. 大棋局：美国至上及其地缘战略要务（The Grand Chessboard：American Primacy And Its Geostrategic Imperatives）. New York：Basic Books，1998. 31。

[17] 同上 .38。

[18] 同上 .39。

[19] 国家优先项目（National Priorities Project）. 2001 年以来的战争总成本（Total Cost of Wars Since 2001）. http：//costofwar.com。

[20] 阿季尔 · 巴古伊罗夫（Adil Baguirov）. 里海石油储量（Caspian Oil Reserves）. Azerbaijan International, Summer 1998（6.2）: 58。http://azer.com/aiweb/categories/magazine/62_folder/62_articles/62_mediawatch.html。

[21] 同上。

[22] 同 [20]。

[23] 威廉 · 恩道尔（F. William Engdahl）. 霸权背后：美国全方位主导战略（Full Spectrum Dominance：Totalitarian Dominance in the New World Order）. Wiesbaden: edition.engdahl，2009. 41-43。

[24] 莱斯 · 亚伯拉罕斯（Les Abrahams）是英国石油公司的前高管，同时还受雇于英国军情六处，知道不少布莱尔和英国石油公司联手拿下利润丰厚的巴库油田的内幕。他在 2007 年向媒体透露，在与阿塞拜疆国家石油公司谈判的 4 个月中，他花了 4500 万英镑。英国《每日邮报》在一篇报道中讲述了他的故事："公司给他一张信用卡，可以无限透支。他曾让公司的专机把香槟酒和鱼子酱运到新兴城市首都巴库，供'性派对'消费。阿塞拜疆人到了伦敦也是一样，他就用该信用卡召妓来款待客人。亚伯拉罕斯最初是一名工程师，1991 年进入英国石油公司。当时正逢苏联解体，储量达 2000 亿桶的里海石油无比诱人，引发了跨国石油公司的'新淘金热'。当时，军情六处莫斯科分支机构的负责人约翰 · 斯卡利特（John Scarlett）劝他入伙。据亚伯拉罕斯讲，他通过传真给斯卡利特传递情报，有时也在莫斯科单独会面。他还声称，英国石油公司的高层与军情六处关系密切，以便赢得该地区的业务并影响政府的政治格局。"[格伦 · 欧文（Glen Owen）. 妓女、间谍、装

满美元的箱子……英国石油公司如何花费4500万英镑赢得“狂野东部”石油权（Hookers，Spies，Cases Full of Dollars...How BP Spent £45m to Win “Wild East” Oil Right）. Daily Mail, the UK, 2007-05-13, http://www.prisonplanet.com/articles/may2007/130507Hookers. htm.] .2007年，布朗勋爵（Lord Browne）突然决定从英国石油公司总裁的位置退下来。当时，一名英国法官发布了一项法院裁决，支持被布朗抛弃的同性恋情人、一位名叫杰夫·希瓦利埃（Jeff Chevalier）的加拿大小伙子的证词。该证词详细介绍了布朗秘密奢侈的同性恋生活（London Evening Standard，Damning Judgement that Finished Lord Browne's Career，2007-05-02, http://www.thisislondon.co.uk/news/ article-23394667-damning-judgement-that-finished-lord-brownes-career.do. ）。

[25]威廉·恩道尔（F. William Engdahl）. 前揭书 . 46。

第十二章　兵临城下：下一个目标——中国

[1]林和立（Willy Wo-Lap Lam）. 中国为美国未来的战争做准备（China Readies for Future U.S. Fight）. CNN.com, 2003-03-25, http://articles.cnn.com/2003-03-24/world/willy.column_1_ china-readies-president-hu-jintao-oil-prices ? _s=PM：asiapcf。

[2]迪克·切尼等（Dick Cheney, et al.）. 美国未来可靠的、负担得起的且环保的能源：国家能源政策发展小组报告（Reliable, Affordable, and Environmentally Sound Energy for America's Future: Report of the National Energy Policy Development Group）. US Government Printing Office, 2001-05-16, 130. http：//wtrg.com/EnergyReport/ National-Energy-Policy.pdf。

[3]同上 . 140。

[4]扎尔梅·哈利勒扎德、埃里卡·斯特雷克·唐斯等（Zalmay Khalilzad，Erica Strecker Downs，et al.）. 中国对能源安全的追求（China's Quest for Energy Security）. RAND Project Air Force，2000，53。

[5]安德鲁·张（Andrew Chang）. 扎尔梅·哈利勒扎德是谁？白宫伊拉克和阿富汗重建事务负责人（Who Is Zalmay Khalilzad？ White House Point Man for Iraq, Afghan Reconstruction）. ABC News, 2004-09-30, http://abcnews. go.com/International/story ? id= 79515& page= 1。

[6]海因里希·克雷夫特（Heinrich Kreft）. 中国的能源安全难题（China's Energy Security Conundrum）. The Korean Journal of Defense Analysis，Vol. XVIII，No.3，Fall 2006: 109。

[7]同上 :110。

[8]同上 :112。

[9]同上 :113。

[10]戴维·黑尔（David Hale）. 中国的经济起飞：对非洲的含义（China's Economic Takeoff：Implications for Africa）. Brenthurst Discussion Paper，1/2006。

[11]彼得·布鲁克斯、申智慧（音译）(Peter Brookes, Ji Hye Shin）. 中国对非洲的影响：对美国的含义（China's Influence in Africa：Implications for the United States）. Washington D.C., The Heritage Foundation, Backgrounder #1916, 2006-02-22。

[12]同上。

[13]同上。

[14]贝茨·吉尔、黄金浩（音译)、斯蒂芬·莫里森（Bates Gill，Chin-hao Huang，J. Stephen Morrison）. 中国在非洲日益扩大的作用及其对美国的含义（China's Expanding Role in Africa and Implications for the United States）. Washington D.C.，CSIS, 2007, http：//csis.org/blog/china%E2%80%99s-expanding-role-africa-and- implications-united-states。

[15]威廉·恩道尔（F. William Engdahl）. 霸权背后：美国全方位主导战略（Full Spectrum Dominance：Totalitarian Dominance in the New World Order）. Wiesbaden: edition.engdahl，2009. 101。

[16]马克·马尼耶（Mark Magnier）. 中国声称拥有世界各地的主要石油开采权（China Stakes a Claim for Major Access to Oil Around the World）. The Los Angeles Times, 2005-07-17。

[17]佚名（Anon.）. 鲍威尔宣称苏丹种族灭绝（Powell Declares Genocide in Sudan）. BBC News,2004-09-09，http://news.bbc.co.uk/2/hi/3641820.stm。

[18]威廉·恩道尔（F. William Engdahl）. 前揭书 . 99。

[19]同上 . 103。

[20]美国非洲司令部（US Africa Command）. 简报：美国非洲司令部（Fact Sheet：United States Africa Command）. 2008-10-18, http://www.africom.mil/getArticle.asp ？ art=1644。

[21]莱蒂西亚·劳森（Letitia Lawson）. 冷战以来的美国非洲政策（US Africa Policy Since the Cold War）. Strategic Insights, Vol. VI，Iss. 1, 2007-01，http://www.nps.edu/Academics/centers/ccc/publications/OnlineJournal/2007/Jan/lawsonJan07.html#references。

[22]彼得·范（J. Peter Pham），引自：威廉·恩道尔（F. William Engdahl）. 前揭书 . 236-237。

译后记

大千世界，纷繁芜杂。当今世界，乱象丛生。

如何把握人类社会的命运，如何看待国际社会的发展，这是有识之士无时无刻不在思考的问题。

一百多年前，世界进入石油时代，全球经济和政治格局风起云涌，历史性的大变革就此拉开序幕。该如何去看待和把握此间诸多历史事件？

恩道尔先生抓住了第二次工业革命的核心——石油，促使人们对石油危机、两伊战争、海湾战争、车臣战争、伊拉克战争以及“颜色革命”等事件进行深入思考，同时也让人们对美国的全球战略有了更深刻的了解。

先生性情至真至纯，笔法酣畅淋漓，着墨不多但却引人深思。谈到洛克菲勒家族在第二次世界大战后建立石油帝国，先生说，到 1950 年，石油、洛克菲勒帝国和美国国家安全俨然三位一体。谈及两伊战争，先生指出，以两伊战争为序幕，美国开始了接二连三的代理人战争，让两伊战争变成一场长期消耗战，就是为了让控制全球石油买卖的大玩家获利。讲到车臣战争，先生认为，苏联解体后，控制中亚的石油成为美国煽动车臣叛乱的根本缘由，也是中亚地区动荡不堪的导火索。接下来的

“颜色革命”手段无所不用其极，但目的却很简单：美国要控制所有重要的石油产地，以便将来扼杀欧亚大陆崛起的大国。此外，先生还对石油有机说这一迷思追根溯源，揭穿了一度被奉若神明的“石油峰值论”的真面目。类似点睛之笔在文中俯拾皆是，引人入胜。

恩格斯在《社会主义从空想到科学的发展》中指出：“一切社会变迁和政治变革的终极原因，不应当到人们的头脑中，到人们对永恒的真理和正义的日益增进的认识中去寻找，而应当到生产方式和交换方式的变更中去寻找；不应当到有关时代的哲学中去寻找，而应当到有关时代的经济中去寻找。”如果说全球化是资本在全球整体流动的必然，是冷战后国际经济政治发展变化的推动力，那么石油登上世界舞台的中央也正是历史的选择。当今世界最具战略性的问题之一是对关键资源的控制，石油无疑是地缘博弈中重要的筹码。

恩道尔先生一语中的。

马克思在《关于费尔巴哈的提纲》中指出：“哲学家们只是用不同的方式解释世界，而问题在于改变世界。”改变世界必先认识世界。先生此书，开卷有益。

作为译者，在此要特别感谢中版国际传媒有限公司的刘忠先生，他的视野、胸怀和执著令人钦佩，也让成文的过程充满激情。我们也深深地感受到，翻译此书不但是学习的过程，思考的过程，更有对良知的呼唤和对国运的担当。

仰天大笑出门去，我辈岂是蓬蒿人。心中杂感，聊作后记。

戴健　李峰

2011 年 8 月

于北京